Mohammeds Geschichte entschleiert den Islam

Harry Richardson

Dieses Buch ist allen Menschen der ganzen Welt gewidmet, was immer auch ihr Glaube sei.

Engl. Originalausgabe: The Story of Mohammed - Islam Unveiled

Published: 10th October 2013

http://thestoryofmohammed.blogspot.com.au

Deutsche Übersetzung und Bearbeitung durch Sven Kuchary
September/Dezember 2015

https://islamentschleiert.wordpress.com/

Danksagung des Autors:
Beim Schreiben dieses Buches hatte ich das große Privileg, auf den starken Schultern von Bill Warner zu stehen. Bill ist nicht nur eine intellektuelle Größe, sondern auch ein echter Gentleman.
Daher möchte ich ihm meinen Dank aussprechen.
Ohne seine Pionierarbeit im Rahmen des Center for the Study of Political Islam wäre dieses Buch nicht möglich geworden.

Inhalt

1. Vorwort: Warum dieses Buch?

Vorwort zur deutschen Ausgabe:
Der Autor wurde durch einen arabischen Arbeitskollegen auf die arabisch-englische Seite „annaqed.com“ aufmerksam. „Annaqed” heißt auf Arabisch “Kritik”. Er begann, Tatsachen über den Islam für sich zu entdecken und arbeitete sich durch Bücher und Websites, um die Prinzipien des Islam zu verstehen.

Ich bin als Übersetzer einen ähnlichen Weg gegangen wie der Autor. „Das hat nichts mit dem Islam zu tun” wollte ich angesichts zunehmender Gewalt und der Entstehung des IS nicht ungeprüft glauben. Ich bin den Zusammenhängen nachgegangen. Dabei bin ich unvermeidlich auf die aufbereiteten Materialien des „Center for the Study of Political Islam” von Bill Warner gestoßen, den der Autor in seiner Danksagung erwähnt. Darunter auch eine Broschüre, die rät, bei Argumentationen über Islam und Islamismus immer wieder auf Mohammed zurückzukommen.

Diese Strategie, den Islam und sein politisches Wirken über Mohammed zu erklären, hat Harry Richardson konsequent umgesetzt. Seine Idee ist einfach, Mohammeds Leben spannend zu erzählen und die dazu passenden gesellschaftspolitischen Auswirkungen zu kommentieren. Die Idee ist in ihrer Einfachheit genial. Ich fragte den australischen Autor, ob es eine deutsche Übersetzung gäbe und da es sie nicht gab, habe ich mich an die Arbeit gemacht. Ich habe mit dem Einverständnis des Autors einige Kapitel angepasst, gekürzt, eingedeutscht und an die Entwicklung der letzten zwei Jahre angepasst.

Mohammeds Biografie wurde fast 100 Jahre eher ins Deutsche übersetzt als ins Englische. Paradoxerweise kennt man hier sein spannendes Leben noch weniger als in der englischsprachigen Welt. Es gibt im Deutschen auch kaum Literatur über die Quellen des Islam, ganz anders als in den USA und in Australien, wo seine politische Seite viel offener diskutiert wird. Es gibt also einiges nachzuholen!

Dieses Buch ist ein Buch vor allem für Nicht-Muslime, aber nicht nur. Es sieht das Thema Islam von außen. Daher geht es weniger um die innerlichen, rein religiösen Aspekte, sondern wie er sich äußerlich zeigt und wie er sich uns Nicht-Muslimen gegenüber auswirkt. Daher ist dieses Buch zwangsweise auch ein politisches Buch.

Dieses Buch enthält Fakten über Mohammeds Leben und die islamische Religion. Diese Tatsachen sind einfach zu überprüfen. Der Autor versucht, die Dinge einfach und logisch zu halten, um den Leser zu ermutigen, über das Thema nachzudenken und es aus seiner eigenen Perspektive zu hinterfragen, oder selbst nachzuforschen. Er legt die allgemeinen Grundsätze dar, auf denen die Religion basiert, wie sie auch in der islamischen Welt allgemein anerkannt sind.

Die eingeflochtenen Interpretationen sind natürlich Meinung des Autors und enthalten Tendenzen. Ich gebe zu, dass es ein großes Meinungsspektrum zwischen Muslimen und Nicht-Muslimen über die Bedeutung des Islams gibt. Kritik daran hat nichts mit Rassismus zu tun. Der Islam ist ein Glaubenssystem, ein ethisches Gesetzbuch und eine Reihe von Ideen, dem Anhänger unabhängig von ihrer ethnischen Herkunft folgen können. Der Islam ist für Weiße derselbe wie für arabische, malaiische oder afrikanische Anhänger. Es geht an keiner Stelle darum, die Gläubigen zu bewerten, sondern immer um den Islam als Glaubenssystem selbst.

Die wirklichen Themen liegen dort, wo der Islam in Widerspruch zu unserem westlich-aufgeklärten Weltbild steht. Es sind die Themen Meinungsfreiheit, Frauenrechte, Demokratie und Freiheit.

Baden-Baden, im September 2015 – Der Übersetzer

2. Einleitung: Die Bedeutung Mohammeds

Warum sollte ein Nicht-Moslem die Geschichte von Mohammed lesen wollen? Das Leben eines selbsternannten Propheten, der vor mehr als 1300 Jahren in einem entfernten Teil der Welt starb, mag aus westlicher Sicht nicht nur langweilig, sondern auch völlig unerheblich sein. Beides trifft aber nicht zu. Während seines Lebens schuf Mohammed die religiöse und politische Bewegung des Islam, zu der sich ein Viertel der Weltbevölkerung bekennt und es ist die weltweit am schnellsten wachsende Religion. Der Einfluss des Islam reicht in mehr Aspekte unserer Gesellschaft, als die meisten von uns wahrnehmen und ist daher wichtig.

Beim Beschäftigen mit der islamischen Lehre und Geschichte merkte ich bald, dass fast alles völlig falsch ist, was wir über den Islam normalerweise hören, über seine Ziele, über seinen Einfluss auf die Taten und den Glauben von Moslems. Dieses fehlende Verständnis über den Islam ist die tiefere Ursache für das furchtbare Scheitern der Politik in Bereichen wie „Kampf gegen den Terror", der Nahost-Politik, dem arabisch-israelischen Konflikt und weiteren Themen, die unsere täglichen Nachrichten zunehmend beherrschen.

Das Wissen über die Lehre des Islam fehlt in allen Teilen der westlichen Gesellschaft; von Politikern, Lehrern, Pfarrern, bis zur Bevölkerung auf der Straße. Angesichts der stark ansteigenden Bedrohung durch islamische „Extremisten" und die wachsende Anzahl von Konflikten, an denen Moslems beteiligt sind, wäre ein Scheitern von geschichtlichem Ausmaß.

Genau deswegen habe ich dieses Buch geschrieben. Ich habe versucht, es so einfach und so unterhaltsam wie möglich zu schreiben, damit es für alle leicht lesbar wird. Es ist ziemlich kurz und vermeidet jeden Hinweis auf trockene theologische Diskussion. Wer hinter die Kulisse des täglichen Nachrichtenspektakels blicken will, findet das Buch hoffentlich nicht nur spannend, sondern auch nützlich.

Nach dem Lesen sollten Sie die Ideologie des Islam besser verstehen: was die Lehre von den Moslems erwartet und wie sie die Gesellschaft beeinflusst, in der Moslems leben. Vor allem werden Sie die aktuellen Probleme rund um den Islam völlig neu verstehen. Die Konflikte überall auf der Welt, Terrorismus, Einwanderung, Behandlung von Frauen, usw. kann man nur mit einem Hintergrundwissen über die islamische Lehre wirklich verstehen.

Der Schlüssel, um den Islam zu verstehen, ist die Geschichte des Lebens von Mohammed. Islamgelehrte haben das immer schon gewusst. Das ist eine gute Nachricht, denn Mohammed war eine außergewöhnlich interessante Persönlichkeit.

Anders als jeder andere Prophet war Mohammed auch ein politischer und militärischer Führer. Er bestand darauf, dass Moslems kämpfen sollen, wenn dazu aufgerufen wird, die Herrschaft des Islam über die ganze Welt zu verbreiten. Während der letzten neun Jahre seines Lebens waren er und seine Anhänger im Schnitt alle sieben Wochen an einem gewaltsamen Eroberungsfeldzug beteiligt. Als er starb, war er der König von ganz Arabien und nicht ein einziger Gegner hatte standgehalten. Der Schlüssel zu seinem Erfolg war ein neues System der Kriegsführung, *Dschihad* genannt, das gewöhnlich als „Heiliger Krieg" übersetzt wird, in Wirklichkeit aber viel mehr ist.

Obwohl über Mohammed mehr bekannt ist als über jeden anderen Religionsstifter, kennt kaum jemand seine Geschichte. Sogar in der islamischen Welt kennt man sie oft nicht!
Das Leben von Mohammed ist das Vorbild, dem alle Moslems folgen sollen, und ist daher die Basis der islamischen Religion selbst. Man sollte erwarten, dass die meisten Mohammedaner mit dem Leben Mohammeds vertraut wären, so wie Christen mit dem Leben Jesu Christi vertraut sind. Das ist aber nicht so ist. Das ist merkwürdig, aber kein Zufall.

Junge Moslems lernen, den Koran auf Arabisch zu rezitieren, aber sie werden streng davon abgehalten, seine Bedeutung zu verstehen. Vier Fünftel von ihnen sprechen überhaupt kein Arabisch, ganz abgesehen davon, dass der Koran in Alt-Arabisch geschrieben ist. Nur diejenigen, die entschlossen genug sind, islamischer Religionsführer oder „Imam” zu werden, lernen die Wahrheit über Mohammeds Leben. Von den übrigen wird erwartet, die Anweisungen dieser Anführer zu befolgen, die das Wissen für sich behalten.

Heutzutage explodiert die moslemische Bevölkerung weltweit, während die westlichen Geburtenraten schwinden. An mehr als 90% aller Kriege und bewaffneten Konflikte sind Moslems beteiligt. Fast alle Terroranschläge werden von moslemischen Dschihadisten ausgeführt[1]. Bei der UNO ist die „Organization of Islamic Cooperation” der größte und einflussreichste Block von Ländern, auch ohne Vetorechten. Diese 57 Länder kontrollieren auch den Löwenanteil der schwindenden Ölreserven des Planeten.

In den kommenden Jahren wird sich diese Entwicklung sicher beschleunigen. Damit wird der Islam mehr Einfluss bekommen, nicht nur über das Leben der Muslime, sondern auch über das Leben der Nicht-Muslime, die sich zunehmend durch Regeln und Gesetze eingeengt finden werden. Wenn Sie wissen wollen, wie der erstarkende Islam Sie betreffen wird, Sie selbst, ihre Kinder und Enkel – und glauben Sie mir, Sie sollten es wissen – dann ist dieses Buch der schnellste und einfachste Weg dahin. Wenn Sie sich tiefer mit diesem komplexen Thema befassen wollen, dann ist dieses Buch ein exzellenter erster Schritt in die richtige Richtung und eine solide Grundlage.

Barack Obama und die meisten führenden Politiker und Meinungsmacher im Westen bestehen darauf, dass der Islam eine Religion des Friedens sei. Abgesehen von ein paar gewalttätigen Radikalen, die wütend auf die westliche Außenpolitik seien. Sie sagen zu diesen Islamisten und ihren Taten:

> *„Das hat nichts mit dem Islam zu tun."*

Ayatollah Khomeini widmete sein ganzes Leben dem Studium der islamischen Lehre. Er war geistiger und religiöser Führer der Islamischen Republik Iran und höchste religiöse Autorität der schiitischen[2] Richung des Islam. Das sagt Ayatollah Khomeini über Islam und Kriegsführung:

> *„Aber die den islamischen Heiligen Krieg studieren, werden erkennen, warum der Islam die ganze Welt erobern will. Die nichts über den Islam wissen, geben vor, der Islam argumentiere gegen Krieg. Die das sagen, sind gedankenlos."*

Finden Sie selbst heraus, wer Recht hat, Barack Obama oder Ayatollah Khomeini.

Lesen Sie die Geschichte von Mohammed selbst.

3. Erste Jahre

Mohammed wurde im Jahr 570 n. Chr., in Mekka geboren, einer Stadt, die heute in Saudi-Arabien liegt. Damals war Arabien kein Staat, sondern ein Gebiet, das von mehreren Stämmen bevölkert war. Es war damals wie heute eine heiße, trockene, unwirtliche Wüstenlandschaft. Die Menschen lebten von Schafen und Ziegen und im Norden von etwas Dattelanbau. Blutfehden waren nicht unüblich und wurden im Allgemeinen nach dem Prinzip Auge um Auge, Zahn um Zahn gelöst. Manchmal wurde auch Blutgeld gezahlt, um das Töten zu verhindern.

Mekka war eine heilige Stadt und ein religiöses Zentrum für alle möglichen Kulte. Es gab ein Gebäude namens Kaaba, das einen heiligen Stein enthielt, von dem man annimmt, dass er ein Meteorit sei. Auch gab es einen Brunnen Zamzam, dessen Wasser als heilig galt und heilende Kräfte haben sollte. Stämme aus ganz Arabien kamen nach Mekka, um ihre unterschiedlichen Gottheiten zu verehren. Es gab sogar ein paar Christen und Juden, die dort lebten, alles war sehr multikulturell. Mohammed stammte aus dem Adel von Mekka, die als die Quraisch bekannt waren (auch: Kuraisch Quraysh, Koreish, Koreischiten). Seine Sippe oder Clan hieß Banū Haschim. Der Hauptgott der Quraisch war Allah, der Gott des Mondes. Darum hat jede Moschee eine zunehmende Mondsichel an ihrer Spitze. Sie verehrten aber auch viele andere Götter. Wegen der Rolle als heiliger Platz durfte in Mekka nicht gekämpft werden und Streitigkeiten mussten außerhalb der Stadt ausgetragen werden.

Der neugeborene Mohammed

Mohammeds Vater starb schon vor seiner Geburt und seine Mutter starb, als er fünf war. Er wurde dann von seinem Großvater aufgezogen, bis auch er starb. Dann übernahm sein Onkel Abu

Talib die Fürsorge. Abu Talib war ein mächtiges Mitglied der Quraisch. Er scheint einen gütigen Charakter gehabt zu haben. Solange er lebte, hat er Mohammed immer geschützt und gut behandelt.

Das Hauptgeschäft der Quraisch waren die Pilger, obwohl sie auch am Handel verdienten. Als Heranwachsender wurde Mohammed von einer reichen Witwe namens Khadidscha angeheuert, die mit Syrien handelte (auch: Khadija, Chadīdscha bint Chuwailid). Mohammed kümmerte sich um die Karawanen und den Handel mit den Syrern. Syrien war damals ein christliches Land und weit fortschrittlicher und internationaler als Arabien. Syrien war damals sicherlich weit fortschrittlicher und internationaler als der größte Teil Europas. Die Araber übernahmen ihr Alphabet von den syrischen Christen. Ihr Schreiben beschränkte sich auf Handelsdokumente. Es gab damals keine in Arabisch geschriebenen Bücher. Religiöse Traditionen wurden von Mund zu Mund weitergegeben. Dass Christen und Juden schriftliche Lehren hatten, war etwas Besonderes, darum nannte man sie auch „die Leute des Buches".

Mohammed war erfolgreich als Händler und brachte Khadidscha guten Gewinn ein. Nach einiger Zeit schlug Khadidscha vor, ihn zu heiraten. Sie hatten vier Töchter und zwei Söhne, von denen aber nur die Tochter Fatima das Erwachsenenalter erreichte.

Wegen seiner Herkunft war Mohammed mit vielen unterschiedlichen Religionen vertraut. Er war natürlich vor allem vertraut mit den Riten seiner eigenen Sippe, heidnischen Arabern aus Mekka. Viele dieser Riten wurden später im Islam eingeführt. Es gab auch einige Juden in Mekka und der Vetter seiner Frau war ein Christ. Weil die meisten Religionen nicht schriftlich niedergelegt waren, war es nicht ungewöhnlich, wenn Leute unterschiedliche Versionen der jeweiligen Religion ausübten oder sogar anfingen, ihre eigene Art der Verehrung zu praktizieren.

Wichtige Fakten:
Ein Muslim (Mohammedaner) zu sein bedeutet, Mohammed als den perfekten Menschen anzusehen. Sein Leben ist das Vorbild für alle Muslime, das sie in jeder Hinsicht befolgen sollen.

Natürlich sind nicht alle Muslime vollständig konsequent bei der Befolgung, aber der Grad an Frömmigkeit eines Mohammedaners wird daran gemessen, wie eng er dem Beispiel und den Lehren Mohammeds folgt. Dieser Umstand ist im Islam unbestritten. Deshalb ist es so wichtig, Mohammeds Geschichte zu kennen. Es gibt sogar ein Wort, um Mohammeds Verhalten zu beschreiben: „*Sunna*".

Hinweis zu Kritik an Religion und Politik:
Dieses Buch beschäftigt sich nicht mit dem inneren religiösen Aspekt des Islam. Ich werde die Glaubensinhalte oder -praktiken selbst kaum kommentieren, außer wo sie einen politischen Aspekt haben. Was ich erläutern werde, sind die politischen Ziele, die politische Agenda, die politischen Methoden, wie sie klar in der islamischen Lehre niedergelegt sind. Wie Muslime sich untereinander verhalten und was ihre Beziehung zu ihrer gewählten Gottheit ist, das ist eine rein religiöse Angelegenheit und betrifft mich als Außenstehenden nicht. Der Umgang mit Nicht-Muslimen, die sie Ungläubige nennen, ist aber eine politische Sache. Er betrifft mich, weshalb ich mich dazu kritisch äußere.

Bevor ich fortfahre, möchte ich klarstellen: Ich bin ein überzeugter Anhänger der Religionsfreiheit. Jeder ist frei, zu glauben was er will, und kann anbeten, was er für heilig hält. Falls eine christliche Gruppe merkwürdig praktiziert, juckt mich das überhaupt nicht. Erst wenn solch eine Gruppe sich zu einer politischen Organisation zusammenschließt und versucht die Regeln der Gesellschaft zu beeinflussen, dann interessiert mich das sehr wohl. Falls ich nicht mit ihrem politischen Konzept oder Methoden einverstanden bin, dann bestehe ich auf meinem Recht, diese Aktivitäten zu kritisieren. Diese Kritik ist dann keine Kritik an den Religionsinhalten, sondern an den Folgen für Außenstehende.

Im Laufe des Buches werden Sie sehen, warum uns das betrifft.

Bibliographie: Die Sira

Die ursprüngliche Quelle der meisten Darstellungen von Mohammeds Leben ist das Buch „Sirat Rasul Allah" (Die Geschichte des Propheten Allahs) oder einfach „*Die Sira*" von Ibn Ishaq, dem höchstgeachteten und vertrauenswürdigsten islamischen Gelehrten. Sein Werk wurde etwa 100 Jahre nach dem Tod von Mohammed fertiggestellt und ist damit die älteste erhaltene Biografie Mohammeds. Die Sira ist für Studierende des Islam die absolut endgültige Autorität zum Leben Mohammeds.

Die Sira ist 1955 von Prof. Alfred Guillaume ins Englische übersetzt worden. (Alfred Guillaume: The Life of Muhammad. A translation of Ibn Ishaq's Sirat Rasul Allah. Oxford 1955). Das Werk von A. Guillaume ist die englische Standard-Übersetzung für Moslems und Nicht-Moslems.

Ins Deutsche ist die Sira fast ein Jahrhundert (!) eher übersetzt worden: Gustav Weil (Übersetzer): Das Leben Mohammeds nach Muhammed Ibn Ishâk bearbeitet von Abd el-Malik Ibn Hischâm (Stuttgart 1864).

Gustav Weil hat übrigens 1838 die bekannten Erzählungen „Tausend und eine Nacht" übersetzt. Er hat weitere Literatur über den Islam geschrieben: Ein Meilenstein ist sein Werk: „Mohammed - Der Prophet, sein Leben und seine Lehre."

Das „*Center for the Study of Political Islam*" hat die englische Standardübersetzung hervorragend vereinfacht und neu geordnet. Die Autoren des CSPI haben auch Material von anderen vertrauenswürdigen Quellen eingefügt, um der Geschichte Klarheit zu geben, wo man zuvor die Zusammenhänge nur mit viel mühsamer Studienarbeit verstehen konnte. Daraus entstand das Buch von Bill Warner: „Mohammed and the Unbelievers" (2006). Bill Warner, den der Autor in der Danksagung erwähnt, ist der Gründer und Direktor des CSPI, zu deutsch: „Zentrum für das Studium des politischen Islam".[3]

Die meisten der hier verwendeten Sira-Zitate stammen mit freundlicher Genehmigung aus diesem vereinfachten Buch, das über ein nachvollziehbares System auf die Randnummern im ursprünglichen Text der Sira referenziert.

Die vom Autor genannte einfache Sira „Mohammed and the Unbelievers" von Bill Warner gibt es Stand 2015 noch nicht als deutsche Übersetzung. Daher habe ich als Übersetzer die englischen Zitate aus der Sira meinerseits ins Deutsche übersetzt.

Bei der getreuen Direktübersetzung von Gustav Weil entfällt der geschilderte Vorteil, nämlich die verständliche Aufbereitung. Später zitiere ich länger aus dem schönen Weil-Text, damit der Leser einen Eindruck hat, wie glatt sich die Sira im „Original" liest, aber auch wie sehr sie mit Namen und Details überfrachtet ist.

Diese deutsche Sira-Übersetzung ist übrigens kostenlos leicht im Internet zu finden, ich kann das Lesen des Originals wärmstens empfehlen, und auch Gustav Weils Klassiker: „Mohammed der Prophet, sein Leben und seine Lehre" (Heidelberg 1843).

4. Der Islam wird gegründet

Als Mohammed vierzig Jahre alt war, zog er sich monatelang in eine Höhle zurück, um zu beten und die religiösen Praktiken der Quraisch auszuführen. Er begann, Visionen zu haben, in denen ihn der Erzengel Gabriel besuchte. Er behauptete, Gabriel würde ihm Schriften zeigen und anweisen, sie vorzulesen, damit er so seine Anhänger lehren könne. Später haben seine Anhänger diese Offenbarungen niedergeschrieben, um das zu werden, was heute als Koran bekannt ist. Seine Frau Khadidscha unterstützte ihn und sie wurde die erste, die zur neuen Religion „Islam" übertrat, was auf Arabisch „Unterwerfung" bedeutet. Khadidscha folgten bald Mohammeds Adoptivsohn und andere Familienmitglieder. Irgendwann schlossen sich auch Leute außerhalb der Familie an. Als Mohammed mehr Anhänger gewann, wurde er selbstbewusster und begann bald recht offen von seiner neuen Religion zu predigen.

Am Anfang machte das keine Schwierigkeiten. Die Quraisch waren sehr tolerant zu anderen Religionen, weil das auch ihre Einkommensquelle war. Für sie bedeutete Religion Geschäft. Falls Mohammeds neue Religion mehr Leute zu den Kulten brachte, umso besser.

Die Lage begann sich aber einzutrüben, als der Ton von Mohammeds Vorträgen stetig weniger tolerant wurde. Mohammed begann zu lehren, dass seine Religion die einzig richtige sei. Das war noch in Ordnung, aber zu behaupten, dass die anderen alle falsch seien, war nicht mehr in Ordnung. Er verspottete die anderen Religionen und machte deren Götter lächerlich. Noch schlimmer für die Quraisch war Mohammeds Behauptung, dass ihre Vorfahren, weil sie keine Muslime gewesen seien, in der Hölle brennen müssten. Für die Quraisch, denen die Vorfahren heilig waren, war das nicht mehr akzeptabel. Sie flehten ihn an, damit aufzuhören und wieder nur seinen eigenen Kult zu bewerben, ohne den ihren schlecht zu machen.

Als er sich weigerte, wollten die Quraisch ihn töten. Zu ihrem Leidwesen stand Mohammed unter dem Schutz seines einflussreichen Onkels Abu Talib. Die Quraisch boten seinem Onkel Ausgleichszahlungen an, um ihnen Mohammed auszuhändigen, damit sie ihn töten könnten. Aber sein Onkel blieb standfest und lehnte ab.

Mohammed war sicher ein charismatischer Prediger, der nach und nach mehr Anhänger gewann, und das erhöhte die Spannungen innerhalb der Gemeinschaft. Es gab Streit und ständigen Zank. Mekka war eine Kleinstadt, wo jeder jeden kannte. Was einst eine friedliche und gewinnbringende Gemeinschaft war, war nun böse entzweit zwischen den Quraisch und den neu Übergetretenen, die als Muslime bezeichnet wurden, was bedeutet „die sich unterworfen haben".

Einige weniger mächtige Muslime, vor allem konvertierte Sklaven, wurden von den Quraisch sehr schlecht behandelt, jedoch konnte Mohammeds Onkel ernsthaften Schaden von ihnen abwenden. Einige von den übergetretenen Mekkanern gehörten zu den Einflussreichsten und Mächtigsten in der Stadt und so wurde es allmählich schwieriger für die Quraisch, etwas gegen Mohammed zu unternehmen. Obwohl er sie als dumm bezeichnete, ihre Götter beleidigte und behauptete, ihre Ahnen würden in der Hölle sein, konnten sie ihn doch nicht aufhalten.

Die Quraisch versuchten, mit Mohammed vernünftig zu reden und schlugen ihm sogar einen Deal vor. Sie boten ihm Geld und sogar die Führung des Stammes, wenn er nur aufhören würde zu predigen. Mohammed lehnte ab und bestand darauf, dass er der einzige Gesandte Allahs sei, und blieb hart in der Sache.

Anmerkung des Autors:
Bevor ich zu weit auf den Islam eingehe, möchte ich kurz auf Ethik allgemein eingehen. Wer in einem westlichen Land aufgewachsen ist, dessen Ethik und Sinn für richtig und falsch basiert auf der christlichen Lehre – ob man sie mag oder nicht – so wie auch die Gesetze, die sich unsere Gesellschaft gibt.

Menschen, die in anderen Kulturen aufwachsen, können ein anderes Verständnis davon haben, was richtig und falsch ist. Zum Beispiel dürfte das, was ein Wikinger damals für „das Richtige zu tun" gehalten hat, im heutigen Dänemark als äußert unsozial gelten.

Der Islam hat einen Satz ethischer Regeln. Um diese Ethik zu erklären, werde ich sie manchmal mit der christlichen Ethik vergleichen. Christliche Ethik nicht deshalb, weil ich für das Christentum werben will, sondern weil die meisten im Westen, mich eingeschlossen, sie viel besser verstehen, als zum Beispiel die des Hinduismus oder Buddhismus.

Die Grundlage der christlichen (und jüdischen) Ethik sind die Zehn Gebote, die wir alle kennen: Du sollst nicht stehlen, betrügen, lügen, töten, begehren usw. Diese Gebote werden mit folgender „**Goldenen Regel**" gekrönt:

„Behandle andere so, wie du von ihnen behandelt werden willst."

Das ist auch das Prinzip des Kant'schen Imperativs. Im Deutschen kennen wir die umgekehrte Aussage als Sprichwort: „Was du nicht willst, dass man dir tu, das füg auch keinem andern zu."

Von der Goldenen Regel sind die Grundsätze der Meinungsfreiheit, der Rechtsstaatlichkeit, Gleichheit, Toleranz usw. abgeleitet, die die Gesetze und Gebräuche der meisten westlichen Länder untermauern. Da wir in einer Gesellschaft aufgewachsen sind, die auf dieser Goldenen Regel beruht, neigen wir dazu zu glauben, dass sie selbstverständlich ist, universell gilt und überhaupt keine radikale Idee darstellt.

Man bedenke, dass man den Mann, der sie vor zweitausend Jahren verbreitete, dafür ans Kreuz geschlagen hat. Dennoch setzte sich diese Wertevorstellung durch und verbreitete sich. Zu der Zeit von Mohammeds Geburt war das Christentum die dominierende Religion im Nahen Osten, in Nordafrika und Teilen Europas.

Die Goldene Regel und die Zehn Gebote sind jedoch NICHT die Grundlage aller Religionen und Gesellschaften. Wie Sie bald sehen werden, ist sie definitiv nicht die Basis des Islams.

Einiges, was ich hier schreibe, mag seltsam oder sogar lächerlich erscheinen, zumindest für jemanden, der in einem westlichen Land mit christlicher Ethik groß geworden ist, aber Geduld!

Es ist schwer, den Islam zu erklären, weil er wie ein riesiges Puzzle ist. Ich könnte Ihnen ein einzelnes Stück des Puzzles zeigen und Ihnen z. B. sagen, dass es die Nase eines Tigers ist. Auch wenn es wie eine Tigernase aussieht, können Sie nicht sagen, ob es wirklich eine ist, bevor Sie nicht die anderen angrenzenden Stücke sehen. Beim Lesen dieses Buches werden Sie hoffentlich jedes Stück im Rahmen des Gesamtbildes immer klarer erkennen.

5. Der Islam wächst

Mohammed blieb 13 Jahre in Mekka, nachdem er sich selbst als Prophet ausgerufen hatte. Die erste Hälfte des Korans wurde in dieser Periode niedergeschrieben und ist als der Koran von Mekka bekannt. Die Offenbarungen im mekkanischen Koran sagen wiederholt, dass Mohammed der Gesandte Gottes sei und dass alle, die ihm nicht glaubten, in der Hölle brennen müssten. Sie enthalten auch Geschichten über Völker, die die ihnen damals geschickten Propheten zurückgewiesen hätten. Diese Völker seien in der Folge ausgelöscht worden und seien nun in der Hölle.

Viele der biblischen Propheten wie zum Beispiel Abraham, Mose und sogar Jesus (der selbst von sich sagte, er sei nicht der Sohn Gottes, sondern ein Prophet), seien laut Mohammed Moslems gewesen. Ganz zu schweigen von der Behauptung, dass die islamische Religion schon vor Mohammed dagewesen sei. Außerdem forderte er, dass er der letzte in der Kette dieser Vorgänger sei und dass der Koran Gottes abschließende Botschaft sei.

Der Koran übernimmt eine Reihe von Geschichten aus der Bibel. Er erzählt sie jedoch etwas anders, um ein abweichendes Fazit zu ziehen. In seiner Nacherzählung geht es immer darum, wie die Juden ihre Propheten missachtet haben und daher von Gott bestraft wurden. Das ist der religiöse Teil des Korans, der die biblischen Geschichten und Themen enthält. Mohammed benutzte diese Grund-Themen recht geschickt, um die meisten der Fragen zu beantworten, die Kritiker ihm stellten.

Mohammed war offenbar sehr charismatisch und sehr selbstbewusst. Er hatte außerdem die Fähigkeit, seine Botschaft in eine recht schöne poetische Form zu verpacken. Der ganze Koran ist in Gedichtform geschrieben, was es auch leichter macht, ihn auswendig zu lernen. Entsprechend zog Mohammed eine Anzahl Anhänger an, und so wie seine Macht wuchs, so wuchs auch sein Verlangen nach ihr. Er war extrem narzisstisch. Es schien ihm wichtig zu sein, von anderen bewundert zu werden. Die Tatsache, dass er seine Heimatstadt spaltete und sogar seine eigene Familie, schien ihn nicht zu stören.

Als sein Onkel im Sterben lag, ging er an sein Sterbebett und bat ihn, den Islam anzunehmen. Sein Onkel murmelte etwas und starb dann. Mohammeds Begleiter sagte, dass er denke, sein Onkel habe den Islam angenommen. Mohammed aber hörte ihn nicht deutlich und verkündete daher, dass sein Onkel in die Hölle gekommen sei. Abu Talib hatte ihn von Kindheit an aufgezogen und sich um seine Berufsausbildung gekümmert, die zu seiner erfolgreichen Heirat geführt hatte. Danach hatte er Mohammeds Leben vor all dem Ärger geschützt, den dieser selbst erzeugt hatte. Aber weil er sich weigerte, sich dem Islam zu unterwerfen, verkündete Mohammed, dass er nun in die Hölle geworfen sei.

Im gleichen Jahr starb auch seine Ehefrau Kadhija. Das war sicher der größte Einschnitt in seinem Leben. Mohammed heiratete dann eine Witwe namens Sauda und verlobte sich mit einem sechsjährigen Mädchen namens Aischa, die Tochter seines Vertrauten Abu Bakr.

Wichtige Fakten:

Offensichtlich glauben Muslime, dass Mohammed der letzte Prophet Allahs ist. Von einem nichtmuslimischen Standpunkt aus gesehen war Mohammed einfach nur ein Genie, das den Islam für eine einzige Absicht entworfen und ausgestaltet hat, nämlich die ganze Welt dazu zu bringen, ihm zu huldigen (oder durch ihn Allah zu huldigen, was so ziemlich dasselbe ist). Um das sicherzustellen, sorgte er dafür, dass der Islam niemals verändert werden kann.

Mohammed bestand darauf, dass ein Moslem bezeugen muss: „Es gibt keinen Gott außer Allah, und Mohammed ist sein Prophet." Das Glaubensbekenntnis (Schahada) ist eine der „Fünf Säulen des Islam". Die vier anderen Säulen sind Rituelles Gebet (Salat), Almosensteuer (Zakat), Fasten (Saum) und Pilgerfahrt (Hadsch). Das Glaubensbekenntnis ist die wichtigste Säule, denn es definiert, was ein Moslem ist.

Mohammed erklärte sich außerdem zum letzten Propheten des Islam. Damit schloss er geschickt die Tür für jeden, der seine Religion von der ursprünglichen Bahn wegführen könnte. Weil er behauptet, auch der letzte in der Linie der jüdischen Propheten zu sein, können auch die Juden keinen Anspruch auf seine Religion anmelden. Mohammed stellt das sicher, indem er behauptet, die Juden und Christen hätten ihre Bibel verfälscht, um die Tatsache zu verstecken, dass sein Kommen in der ursprünglichen Schrift prophezeit worden sei. Die biblischen Quellen stützen seine Behauptung nicht. Er verbot Muslimen außerdem, die Bibel zu lesen oder die Thora (die jüdische Bibel). Muslime können daher die biblischen Propheten wie Abraham oder Moses nur durch Mohammeds manchmal unlogische Nacherzählung lesen, die ganz anders ist als die ursprünglichen Bibelgeschichten.

Mohammed ist nicht nur eine zentrale Figur im Islam, Mohammed *ist* der Islam. Daher ist „Mohammedaner" die zutreffendere Bezeichnung für Islamgläubige, auch wenn heute sich im Deutschen „Moslem" oder zunehmend „Muslim" durchsetzt. (Im Englischen gibt es das Wort „Mohammedaner" nicht. Nur Churchill bezeichnete Muslime als „Mohammedans", um den Zusammen explizit zu erklären. – d. Ü.)

Mohammedaner sein heißt zu glauben, dass Mohammed der perfekte Mensch ist und dass der Koran, weil via Mohammed offenbart, das perfekte und einzige Wort Allahs ist. Ein wahrer Mohammedaner sollte daher dem Worte Allahs folgen, wie es im Koran steht, und dem Beispiel Mohammeds, wie es in seinen Biographien aufgezeichnet ist.

Das clevere Design des Islam bewirkt, dass der Islam niemals verändert werden kann. Der Koran kann nicht geändert werden, weil er das perfekte Wort Allahs ist und Mohammeds Leben kann nicht geändert werden, weil er ja tot ist.

Es ist Muslimen unglaublich ernst damit, wie perfekt der Koran ist. Dazu ein Beispiel: Einige Kapitel des Korans fangen mit drei vorangestellten arabischen Buchstaben an. Niemand weiß, was sie bedeuten, aber sie werden niemals weggelassen, weil der Koran perfekt und unveränderbar ist.

Zusammengefasst: Der Islam ist Mohammed, der Islam hat sich bisher nie geändert und der Islam wird sich nie ändern. Um den Islam zu ändern, müsste man nämlich Mohammed aus ihm herausnehmen und dann wäre er kein Islam mehr. Das wäre dieselbe logische Absurdität wie „Wenn mein Onkel eine Frau wäre, wäre er nicht mein Onkel, sondern meine Tante.“[4]

Andere Religionen, wie das Christentum und der Buddhismus haben sich verändert und entwickelt, weil sie auf allgemeinen Grundsätzen aufbauen, die man diskutieren und interpretieren kann und darf, wie zum Beispiel die Goldene Regel.

Über Mohammed gibt es nicht viel zu diskutieren, entweder tat er etwas oder er tat es nicht. Daher dürfte, wer glaubt, der Islam solle oder könne sich ändern, enttäuscht werden.

6. Auswanderung nach Medina

Einmal im Jahr kamen Leute aus ganz Arabien zu einem religiösen Volksfest nach Mekka. Viele von ihnen hörten erstmals von Mohammed und wollten ihn predigen hören. So gewann er neue Anhänger außerhalb Mekkas. Eine Gruppe kam aus Medina, einer Stadt nördlich von Mekka.

Medina umfasste fünf Stämme, drei davon waren jüdisch und zwei arabisch. Die jüdischen Stämme waren allgemein besser ausgebildet und wohlhabender. Es gab Streitigkeiten zwischen den arabischen Stämmen und auch zwischen den Arabern und Juden, was bereits in Blutvergießen übergegangen war.

Einige der Araber aus Medina, die zum Islam übergetreten waren, luden Mohammed und seine Anhänger ein, nach Medina zu kommen. Sie dachten, dass er einen einigenden Einfluss haben könnte, der ihren Stämmen Frieden bringen würde.

Im nächsten Jahr, als wieder das jährliche Fest war, nahm Mohammed die Mediner mit zu einem Hügel außerhalb von Mekka, Aqaba genannt. Dort mussten sie ihm einen Eid schwören, der als der *Eid von Aqaba* bekannt ist. Dieser Eid umfasste das Versprechen, bis zum Tod im Dienste von Mohammed zu kämpfen. Im Gegenzug versprach Mohammed ihnen das Paradies. Hier enthalten Mohammeds Lehren zum ersten Mail die Drohung des Tötens. Der Eid von Aqaba ist auch der Beginn des mohammedanischen Kalenders.

Die Quraisch erfuhren bald davon und heckten einen Plan aus, Mohammed zu töten. Sie nahmen an, dass wenn sie jetzt nicht handelten, Mohammed dann mit einer Armee aus Medina zurückkehren würde, um Krieg gegen sie zu führen. Mohammeds Anhänger waren überwiegend schon nach Medina ausgewandert und sein Onkel war nun tot, so dass er kaum jemanden hatte, der ihn beschützte. Mohammed hörte von dem Plan und floh aus Mekka. Er versteckte sich mit Abu Bakr drei Tage in einer Höhle bis die Hitzewelle sich gelegt hatte und setzte dann die Zehn-Tagesstrecke nach Medina fort.

Algerische Postkarte aus den 20er Jahren mit dem Motiv der Flucht aus Mekka.

Anmerkung des Autors:
Mohammed war jetzt schon 13 Jahre lang Prophet, rückblickend etwas mehr als die Hälfte seiner Zeit als religiöser Führer. Er hatte rund 150 Anhänger gewonnen, die mehrheitlich arm und ungebildet waren, und hatte sich recht viele mächtige Feinde gemacht. Obwohl Mohammed ständig Drohungen gegen seine Feinde ausgestoßen hatte, nämlich gegen alle, die nicht akzeptierten, dass er Gottes einziger Prophet sei, dass sie Strafen im Jenseits erhielten, so waren seine Lehren doch im Wesentlichen rein religiöser Natur. Anders gesagt, seine Lehren handelten davon, wie Muslime sich zu Allah und untereinander verhalten sollten. Sie waren weniger politischer Natur, also wie sie sich gegenüber Nicht-Muslimen verhalten sollten. Der Islam neigt dazu, die Dinge zweizuteilen. Der Koran ist keine Ausnahme, er ist eingeteilt in den Koran von Mekka, der größtenteils religiös ist, und in den Koran von Medina, der wesensmäßig politischer Natur ist.

Im letzten Kapitel habe ich herausgearbeitet, dass die Muslime verpflichtet sind, Mohammeds Lehren und Traditionen zu folgen. Ich möchte hier kurz die Abweichungen erläutern, denn Ihnen kommen sicher bald Gedanken wie "Ich kenne einen Moslem, der das nicht tut" oder "Wie kommt es, dass die meisten Muslime das nicht tun?". Wie verhält es sich damit? Zum einen folgen nicht alle Muslime streng ihrer Religion. Einige sind sehr fromm, viele andere aber nicht. Das ist so wie in jeder anderen Religion auch. Ein

Muslim könnte sich in einer Weise verhalten, die den Lehren des Islam widerspricht, wie zum Beispiel Alkohol trinken. Dies bedeutet nicht, dass der Islam erlaubt zu trinken; es bedeutet nur, dass nicht jeder immer den Regeln folgt. Der Islam kann Muslime beeinflussen, aber Muslime können den Islam nicht beeinflussen.

Zum anderen gibt es, wenn Muslime dem Beispiel Mohammeds folgen sollen, mehrere unterschiedliche Weisen, wie sich Mohammed verhielt, um seine Ziele zu erreichen. Sein Verhalten hing in großem Maße von den Umständen ab. Freundlich gesagt würde ich ihn als „opportunistisch" beschreiben. Ich werde das im Detail erklären, wenn es im Laufe der Geschichte wichtig wird. Auch wenn viele Muslime Mohammeds eher unangenehmen Methoden nicht folgen, so teilen offenbar die meisten von ihnen seine Ziele.

7. Das Gesetz der Scharia

Schon von Anfang an lagen die Dinge in Medina ganz anders. Mohammed hatte schon eine Anzahl von Anhängern dort, so dass er zusammen mit den Anhängern aus Mekka eine beträchtliche Schar bildete. Darunter waren einige der kämpferischsten Krieger von Mekka. Anders als in Mekka waren die Clans von Medina untereinander sehr zerstritten. Das ist wichtig, denn weil die Muslime darauf eingestellt waren zusammenzuhalten, wurde Mohammed der mächtigste Mann in Medina. Die Clans von Medina übertrugen ihm daher die Macht, Streitigkeiten zu schlichten, weil sie glaubten, er sei ein guter neutraler Schiedsmann.

Mohammed machte sich daran, seine Macht zu festigen. Er baute eine Moschee und ein umzäuntes Gelände für sich selbst, seine Anhänger und seine wachsende Anzahl Ehefrauen. Er schrieb eine Satzung als Grundlage für ein Gesetz von Medina. Dieses Gesetz gründete auf zwei unterschiedlichen Regelwerken. Ein Regelwerk sollte für die Muslime gelten und ein anderes sollte für die Kuffar gelten, die Nicht-Muslime. Dieses Gesetz ist heute als *Scharia* bekannt.

Mohammed teilte die Welt ein in Muslime, die an ihn glaubten, und die *Kuffar* (arabisch: Mehrzahl von *Kāfir*), die das nicht tun. Alle Muslime sind seitdem Mitglieder einer Nation, die als *Umma* bekannt ist. Sie sind verpflichtet, alle anderen Muslime zu unterstützen, insbesondere bei Konflikten mit den Kuffar. Heute ist diese Unterteilung als Gesetz festgeschrieben und ist die Basis der islamischen Weltanschauung.

Ein Moslem soll nicht einen anderen Moslem töten und auch einem Kafir nicht gegen einen Moslem helfen. Moslems müssen schwören, Gewalt gegen andere Moslems zu rächen, aber Kuffar dürfen nicht gegen Moslems kämpfen. Juden, die mit den Moslems verbündet sind, sollen gerecht behandelt werden. Wenn sie mit den Muslimen in den Krieg ziehen, sollen sie finanziell helfen. Sie sind auch verpflichtet, Muslimen zur Hilfe zu kommen, die angegriffen werden. Mohammed war der höchste Richter von allen Streitigkeiten und Meinungsverschiedenheiten.

Die Welt war nun gedanklich in zwei Hälften eingeteilt. Das Land des Islam (Dar-al-islam), das vom Gesetz der Scharia beherrscht wird, und das Land des Krieges (Dar-al-harb), was den Rest den Planeten umfasst. Diese Einteilung gilt als Grundsatz auch im heutigen Islam.

Diese neue Gesetzgebung verwandelte alle Nicht-Muslime in Bürger eindeutig zweiter Klasse. Um dieser Diskriminierung und dem ausgeübten Druck zu entgehen, traten viele der Araber zum Islam über, auch wenn sie nicht wirklich an ihn glaubten. Mohammed sprach über diese sogenannten Muslime als „Heuchler". Mohammed war jetzt in Medina so mächtig, dass kein Araber ihn öffentlich hätte kritisieren können.

Anmerkung des Autors:
Man erkennt leicht, dass die Scharia eben nicht die Goldene Regel anwendet. Für Muslime und Nicht-Muslime gelten nämlich unterschiedliche Regeln. Von jetzt an wird die Geschichte deutlich schockierender.

8. Die Schriftquellen des Islam

Nijran, Ruinen einer typisch arabischen Stadt des 7. Jh

Aus Gründen der Authentizität werde ich im weiteren Verlauf häufig aus den Heiligen Büchern des Islam zitieren. Vorher möchte ich aber eine Einführung geben, wie diese funktionieren und wie sie zusammengehören.

Diese Bücher kann man als eine Trilogie betrachten, bestehend aus der *Sira* (Sirat Rasul Allah, von Ibn Ishaq), den *Hadithen* und dem *Koran.*

Die Sira, die den Großteil von dem ausmacht, was Sie hier gerade lesen, ist eine einfache Biografie und benötigt nur wenig Erklärung. Das Original-Manuskript von Ibn Ishaq's Biographie ging in den frühen Tagen verloren. Die Sira wurde daher aus den Notizen und Aufzeichnungen von zwei seiner Studenten, Ibn Hashim und Al-Tabari, wieder zusammengefügt. Zitate aus der Sira von Ishaq werden mit dem Buchstaben I oder T und einer Zahl bezeichnet, der Randnummer im ursprünglichen Text. Merke: I und T = Sira.

Ein **Hadith** ist eine Kurzgeschichte oder "Tradition", in der Regel etwa einen Absatz lang. Es sind Zitate von einem Begleiter Mohammeds über etwas, was er tat oder sagte. Eine Zusammenstellung solcher Kurzgeschichten heißt auch Hadith, ich nenne sie zur Unterscheidung Hadith-Sammlung. Diese Geschichten sind uns über eine Reihe von Nacherzählungen überliefert, ein wenig an Stille Post erinnernd. Viele der Redakteure waren nicht sehr streng bei der Überprüfung dieser Geschichten und haben Hadith-Sammlungen zusammenstellt, die als unzuverlässig oder „schwach" gelten.

Zwei Hadith-Sammlungen aber werden als um Kopflängen über den anderen stehend angesehen. Dies beiden sind die Hadith-

Sammlungen von Al-Bukhari (B) und von Abu Al-Husayn Muslim (M). Diese beiden Sammlungen werden häufig als “Sahih” bezeichnet, was im Arabischen “authentisch” bedeutet, also „Sahih Bukhari” und „Sahih Abu Muslim”. Etwaige Zitate, die ich verwende, kommen nur aus diesen beiden “kanonischen” Hadith-Sammlungen, obwohl es vier weitere gibt, die als zuverlässig gelten. Merke die Buchstaben B und M = Hadith.

Islamische Gelehrte durchsuchen oft die schwächeren Hadith-Sammlungen nach zusätzlicher Information über Mohammeds Leben, die nicht in den stärkeren und bekannteren Hadithen enthalten ist. Jedoch wird alles, was Bukhari und Abu Muslim widerspricht, als nicht richtig angesehen. Zum Beispiel kommt die Idee, dass „der größere Dschihad” bedeute, “zu kämpfen, um sich selbst zu verbessern” aus einer der schwachen Hadithe[5].

Der Koran ist einerseits natürlich das wichtigste von den drei Büchern. Er macht andrerseits nur ca. 18 % der islamischen Lehre aus und es ist sogar noch deutlich weniger, wenn man die Berge an Wiederholungen herausrechnet, die darin enthalten sind. Der wichtigste Punkt ist aber: Er wird als das wörtliche Wort Gottes angesehen, seine endgültige Botschaft an seine gläubigen Anhänger und als völlig perfekt in jeder Hinsicht.

Wie ernst Muslime diese Perfektion nehmen zeigt der folgende Brauch: Persische Teppichknüpfer, die unglaublich schöne und komplizierte Seiden- und Wollteppiche produzieren, weben immer absichtlich einen kleinen Fehler in jeden Teppich, den Sie oder ich nie finden würden. Nach ihrem Glauben ist nämlich nur der Koran perfekt und daher darf nichts anderes ebenso perfekt sein.

Wegen dieser herausragenden „perfekten” Bedeutung, hebe ich in diesem Buch alle Zitate optisch hervor, die aus dem Koran stammen. (Merke: hervorgehoben und ohne Buchstaben = Koran in der Form Sure:Vers)

Den Koran kann man, anders als die Bibel, nicht leicht durch einfaches Lesen verstehen. Er ist nämlich nicht in chronologischer Reihenfolge geschrieben. Stattdessen werden seine Kapitel (die

Suren) meist nach Länge angeordnet, von der längsten Sure zur kürzesten, um sie leichter auswendig lernen zu können.

Das allein ist schon verwirrend. Um die Sache noch verwirrender zu machen, werden frühere Verse durch spätere „gelöscht" oder „aufgehoben". Der Koran sei, so behauptet es Mohammed, das unmittelbare Wort Gottes. Den Leuten wurde aber bald klar, dass verschiedene Teile des Korans einander widersprechen. Darüber befragt, brachte Mohammed einen neuen Vers hervor:

2:106 Welches Zeichen Wir auch aufheben oder dem Vergessen anheimgeben, Wir bringen ein besseres dafür oder ein gleichwertiges. Weißt du nicht, daß Allah die Macht hat, alles zu tun, was Er will?

2:107 Weißt du nicht, daß die Herrschaft der Himmel und der Erde Allah allein gehört? Und es ist kein Beschützer noch Helfer für euch als Allah.

In der Tat werden 225 Verse des Korans durch spätere aufgehoben oder überschrieben.

Wenn man nicht weiß, in welcher Reihenfolge die Suren historisch geschrieben wurden, kann man nicht wissen, welche Verse welche aufheben, und somit versteht man die Bedeutung nicht. Dazu muss man nämlich den Koran in Verbindung mit den anderen islamischen heiligen Texten lesen, der Sira und den Hadithen, die die Information über die Reihenfolge enthalten.

Ein weiteres Hindernis für das Verständnis des Korans ist die Behauptung der Muslime, dass seine Bedeutung nicht in eine andere Sprache übersetzt werden könne. Diese Behauptung ist natürlich lächerlich. Der Koran wurde viele Male übersetzt und diese Übersetzungen geben alle ganz ähnliche Bedeutungen. Der Koran ist in Gedichtform geschrieben, damit man ihn sich leichter merken kann. Bei der Übersetzung in eine andere Sprache gehen die Reime natürlich verloren, aber die Bedeutung bleibt.

Nur einer von fünf Muslimen spricht überhaupt Arabisch und nur sehr wenige von ihnen würden das archaische, 1300 Jahre alte

Arabisch des Korans verstehen. Dies macht das Studium des Korans schwierig, auch für Muslime. Für Kuffar (Nicht-Muslime) ist es noch schwieriger. Bis vor kurzem waren der Koran und die islamischen heiligen Bücher nie analysiert und neu angeordnet worden, um eine klare und präzise Bedeutung zu zeigen, die leicht von einem Laien verstanden werden kann.

Es wäre zu vordergründig, diese Tatsachen nur als Eigenheiten einer Religion abzutun, die noch immer fundamentalistisch ist. Ähnlich hat sich ja auch bei uns die katholische Kirche lange dagegen gewehrt, die Bibel außer ins Latein auch in die Volkssprache zu übersetzen. Das tat erst Luther. – Wenn wir diese Schranken überwinden und tatsächlich die wahre Botschaft des Islam finden, dann wird uns schnell der Grund für diese Regeln klar.

Auch wenn Mohammed behauptet, dass der Koran das letzte Wort Gottes sei und alles enthalte, was je irgendwer zu wissen bräuchte, so ist der Koran doch im Umfang sehr begrenzt. In Wirklichkeit – und obwohl er als das heiligste der Bücher verehrt wird – ist er für das Verständnis des Islam eigentlich das am wenigsten wichtige Buch. Nicht einmal zu den viel gepriesenen "fünf Säulen des Islam" enthält der Koran genügend Stoff und Information, um auch nur eine dieser Säulen zu praktizieren.

Was aber der Koran uns wieder und immer wieder sagt: Um ein wahrer Muslim (Mohammedaner) zu sein, muss man dem Beispiel Mohammeds folgen. Dessen Leben aber ist in der Sira und den Hadithen enthalten, in der "*Sunna*" Mohammeds. Die Sunna, die Überlieferung in Sira und Hadithen, sind die für das Verständnis entscheidenden Bücher.

9. Die Juden fallen in Ungnade

Die wenigen Juden, die in Mekka lebten, hatten kein tieferes Wissen über ihre Religion. Als Mohammed behauptete, ein jüdischer Prophet zu sein, nahmen sie seine Aussage einfach hin. In Medina aber gab es viele Juden, unter ihnen auch Rabbis und Fachleute des Judentums. Infolgedessen begegneten Mohammed hier ernste Nachfragen über seine Glaubenssätze. Er war außerstande, die Juden zu überzeugen, dass er einer ihrer Propheten sei. Sie konnten klar erkennen, dass der Koran nicht mit ihren überlieferten Schriften übereinstimmte.

Mohammed wurde wütend und begann die Juden zu verunglimpfen, indem er behauptete, sie hätten ihre Schriften gefälscht. Er sagte, sie hätten den Teil herausgenommen, in dem sein Kommen angekündigt sei.

Anmerkung des Autors:
Tatsächlich ist die gesamte Botschaft des Korans trotz Übernahme einiger Inhalte so fundamental verschieden von der Thora (der jüdischen Bibel, dem Alten Testament), dass es unmöglich ist, dass der Allah des Korans derselbe ist wie der Gott des Judentums. Er machte auch den Christen den gleichen Vorwurf, dass sie die Bibel gefälscht hätten. Das kann aber nicht sein. Man hat Exemplare der biblischen Bücher und der jüdischen Thora-Schriften gefunden, die Hunderte Jahre älter sind als Mohammed; teils sind Texte gefunden worden, die einige Tausend Jahre älter sind. Es sind die gleichen Bücher, die wir heute haben.

Hass auf die Juden färbte von nun an die islamische Lehre. In der Tat enthält Mohammeds Biographie mehr Hass auf Juden als Hitlers Mein Kampf[6]. Im Koran behauptet er, dass Allah sie in Schweine und Affen verwandelte. Bis hierhin hatte Mohammed seine Anhänger aufgefordert, in Richtung Jerusalem zu beten, aber jetzt änderte er diese Aussage, sie sollten nun in Richtung der Kaaba in Mekka beten. Er fing an, schlecht über Juden und Christen zu sprechen.

10. Aischa

Bald nach seiner Ankunft in Medina vollzog Mohammed seine Ehe mit Aisha, die zu dem Zeitpunkt neun Jahre alt war. Mohammed stimmte nur widerwillig zu, dass sie ihre Puppen mit in den Harem brachte. Die Puppen-Entscheidung fiel ihm schwer, weil er Abbildungen aller Art verabscheute, neben Bildern auch Plastiken und Skulpturen.

Aus dem Hadith von Bukhari:

B5,58,234 Mohammed verlobte sich mit mir [Aischa], als ich ein Mädchen von sechs Jahren war. Wir gingen nach Medina; dann wurde ich krank und mein Haar fiel aus. Später wuchsen meine Haare wieder, und meine Mutter, Um Ruman, kam zu mir, als ich mit einigen meiner Freundinnen an der Schaukel spielte. Sie rief mich, und ich ging zu ihr, ohne zu wissen, was sie von mir wollte. Sie nahm mich bei der Hand und ließ mich an der Tür des Hauses stehenbleiben. Ich war außer Atem und als mein Atem wieder ruhiger ging, nahm sie etwas Wasser und rieb mein Gesicht und den Kopf damit ab. Dann nahm sie mich ins Haus. Im Haus sah ich einige Dienerinnen, die sagten: "Alles Gute und Gottes Segen und viel Glück." Dann vertraute sie mich Ihnen an, und sie haben mich für die Hochzeit vorbereitet. Mohammed kam zu mir unerwartet am Vormittag und meine Mutter übergab mich an ihn. Zu dieser Zeit war ich ein Mädchen von neun Jahren.

Kindsbräute

Aishas Alter ist durch eine Anzahl der zuverlässigsten Hadithe belegt. Es gibt ein paar schwächere Hadithe, die dem zu widersprechen scheinen. Letztere werden gerne von Muslimen zitiert, um den Vorwurf zu bestreiten, Mohammed sei ein Pädophiler gewesen. Man bedenke jedoch, dass das hochverehrte Handbuch der

Scharia, das sich an Mohammeds Leben orientiert, auch Regelungen über die Scheidung von Ehefrauen enthält, die die Pubertät noch nicht erreicht haben.

Anmerkung des Autors:
Natürlich ist es verlockend, ein moralisches Urteil über das Für und Wider dieser Situation zu machen. Nach heutigen (westlichen) Standards ist, was Mohammed tat, moralisch verwerflich und höchst illegal. Viele Gesellschaften hatten damals aber ein niedrigeres Heiratsalter, als wir es heute haben. Obwohl neun Jahre eher am unteren Ende der Skala liegt, scheint der Vorgang im Arabien des 7. Jahrhundert keine Kontroverse zu verursachen und scheint damit innerhalb der Norm von Mohammeds Gesellschaft zu liegen. – Gerechterweise muss ich darauf hinweisen, dass auch viele sonstige selbsterklärte Heilige ihre Position missbraucht haben, um sich Sex mit minderjährigen Mädchen zu erschleichen. Ich halte den Aspekt der frühen Heirat bei Mohammed für nicht so entscheidend. Das Buch über ihn habe ich wegen anderer Aspekte seines Lebens geschrieben.

Wie wir gleich sehen werden, ist das übergeordnete Ziel Mohammeds, seit er sich zum Propheten erklärte, die ganze Welt zu zwingen, ihn als den einzigen Propheten Gottes zu akzeptieren. Jeder Aspekt seines Lebens und seiner Religion wird auf dieses eine Ziel konzentriert. Mohammeds großer sexueller Appetit ist nur das eine und ist deutlich in den heiligen Büchern des Islam dokumentiert. Um seine Einstellung zu Frauen und Sex zu verstehen, muss sie im Rahmen der politischen und militärischen Expansion betrachtet werden. Das mag hier wie müßige Spekulation erscheinen, aber im Verlauf der Erzählung werden andere Puzzleteile bald den Zusammenhang zeigen.

Pronatalismus (abgeleitet von natare, lat. Gebären) ist die Strategie, eine absichtlich hohe Geburtenrate innerhalb einer Gruppe oder eines Volkes zu propagieren, mit dem Ziel einer höheren Wachstumsrate im Verhältnis zu anderen Gruppen, um damit mehr Macht oder politischem Einfluss zu erreichen.

Mohammed war nicht der erste, der eine hohe Geburtenrate nutzte – und er war sicher nicht der letzte. Die katholische Kirche ist auch ein bekanntes Beispiel. Auch der chinesische Vorsitzende Mao benutzte sie mit großer Wirkung. Allerdings hat die spätere chinesische Führung die Ein-Kind-Politik eingeführt, um die negativen Folgen der Überbevölkerung, wie Hunger, Armut und Platzmangel zu verhindern.

Der Islam kümmert sich gerade nicht um diese Folgen, was ein Markenzeichen der meisten islamischen Gesellschaften ist. Überbevölkerung treibt Muslime dazu, auszuwandern, wann immer möglich. In den neuen Siedlungsgebieten beginnt der Prozess von neuem. Dies ist Teil der Strategie des Islam seit Mohammeds "*Hidschra*" (Hidjra), der Auswanderung nach Medina.

Bevor ich skizziere, wie der Islam diese hohe Geburtenrate erreicht, werfen wir einen Blick darauf, was der Islam zur Stellung der Frau in der islamischen Gesellschaft sagt. Es ist schließlich die Frau, die Kinder gebärt. Der folgende Abschnitt ist einem Artikel von Bill Warner entnommen:

*Am einfachsten kann man mehr über das Gesetz der Scharia erfahren, indem man heutige Gesetze untersucht. Die beste Quelle ist das klassische Handbuch „*Reliance of the Traveller*". Der Haupttext stammt von al-Misri, einem Gelehrten des Islamischen Rechts der Shafi'i-Schule des 14. Jahrhunderts.*[7]

Die Scharia ist dort in gegliederter Form dargestellt. Jeder im Folgenden zitierte Fall kann über einen Index nachgeschlagen werden:

Zwangsheirat: Eine Frau darf gezwungen werden, jemanden zu heiraten, den sie nicht will:

M3.13 Wann immer die Braut eine Jungfrau ist, darf der Vater oder der Vatersvater sie ohne ihre Zustimmung verheiraten, dennoch ist empfohlen, ihre Zustimmung zu erfragen, falls sie schon die Pubertät erreicht hat. Das Schweigen einer Jungfrau gilt als Einverständnis.

Zwangs-Sex: Die Ehefrau soll zum Sex bereit sein, wann immer ihr Ehemann es verlangt:

M5.1 Für die Frau ist verpflichtend, ihren Ehegatten unverzüglich zum Sex zur Verfügung zu sein, wenn (a) er sie fragt, (b) im Hause und (c) wenn sie ihn körperlich aushalten kann.

Schlagen von Ehefrauen

Der Koran sagt, dass man die Ehefrau schlagen darf. Mohammed empfiehlt das Schlagen von Frauen in seiner letzten Rede in Mekka.

Das sagt die Scharia zum Umgang mit einer rebellischen Ehefrau:

M10.12 Wenn ein Ehemann Zeichen von Rebellion bei seiner Ehefrau wahrnimmt, sei es mit Worten, z. B. wenn sie ihm kalt antwortet, wenn sie sonst höflich zu sein pflegt oder er sie auffordert, ins Bett zu kommen und sie sich weigert im Gegensatz zu ihrem üblichen Verhalten; oder in Taten, wenn er sie abweisend ihm gegenüber empfindet, während sie vorher freundlich und gut gelaunt war, dann warnt er sie mit Worten ohne sich von ihr abzuwenden oder sie zu schlagen, denn es könnte sein, dass sie eine Entschuldigung hat. Die Warnung könnte sein, ihr zu sagen, „fürchte Allah hinsichtlich der Rechte, die du mir schuldest", oder er könnte ihr erklären, dass Rebellion seine Verpflichtung aufhebt, sie zu unterstützen. Er könnte sie unter den anderen Frauen hintenanstellen, oder sie darüber zu belehren, „dein Gehorsam mir gegenüber ist religiöse Pflicht".

Wenn sie weiter rebellisch bleibt, meidet er es, mit ihr zu schlafen, ohne darüber zu sprechen. Er kann sie schlagen, aber nicht in einer Weise, die ihr Verletzungen zufügt, das heißt, er darf keine blauen Flecken erzeugen, keine Knochen brechen, Wunden zufügen oder Blut fließen lassen. Es ist gegen das Gesetz, jemand anderes ins Gesicht zu schlagen. Wenn sie rebellisch ist, kann er sie entweder einmal schlagen, oder auch mehrmals schlagen, wobei eine schwächere Meinung besagt, dass er sie nicht schlagen darf, bevor sie wiederholt rebelliert.

Schauen wir, wie diese Regeln die Geburtenrate in einer muslimischen Gesellschaft beeinflussen:

1. Da die Scharia dem Beispiel Mohammeds folgt, liegt das Mindestalter für eine Ehe bei neun Jahren. Die saudi-arabische Regierung versucht gerade, ein Mindestalter von 16 Jahren einzuführen. Der Anlass ist vermutlich eine Mischung von Beschämung und internationalem Druck. Sie sieht sich einer starken Opposition religiöser Autoritäten gegenüber. Stand heute gibt es in Saudi-Arabien kein Mindestalter für Ehe.
2. In islamischen Gesellschaften ist die Familienehre extrem wichtig. Sie hängt weitgehend von der makellosen Moral ihrer weiblichen Mitglieder ab. Die Töchter so früh wie möglich zu verheiraten, ist ein Weg, mögliche sexuelle Unanständigkeit vor der Ehe zu vermeiden.
3. Mädchen haben in dieser Sache wenig mitzureden.
4. Einmal verheiratet, hat ein Mädchen nicht das Recht, Geschlechtsverkehr mit ihrem Ehemann zu verweigern, außer unter extremen Umständen.
5. Verhütung wird in islamischen Gesellschaften missbilligt. Der Islam fördert große Familien als wünschenswert.
6. Vorausbestimmung ist eine Kernüberzeugung im Islam. Alles wurde von Allah geplant und egal was man tut, Allah wird seinen Plan nicht ändern. Daher ist die Versorgung der Kinder kein Thema. Wenn Muslime gefragt werden, wer für ihre Kinder sorgen wird, ist eine übliche Antwort „Allah wird es richten".
7. Ein Muslim kann bis zu vier Frauen haben. Von einer Frau im gebärfähigen Alter, deren Ehemann stirbt, wird erwartet, wieder zu heiraten. Falls bei einem Krieg drei Viertel der beteiligten muslimischen Männer getötet würden, beeinträchtigt das die Geburtenrate daher kaum.

In der Theorie könnte eine Frau mit 9 Jahren verheiratet werden und von da an konstant schwanger gehalten werden. Mit 20, wenn ein nicht-muslimisches Mädchen vielleicht ihr erstes Kind erwartet, könnte ein muslimisches Mädchen bereits viele Kinder haben und ihr erstes Enkelkind erwarten. In Wirklichkeit sind es natürlich weniger. Limitierende Faktoren sind hohe Kindersterblichkeit und möglicher Tod der Mutter im Kindbett. Beides ist in einigen islamischen Ländern häufig, gerade durch zu kurzen Geburtenabstand.

In dieser Sache übt der Islam einen höheren Grad an Kontrolle über seine Anhänger aus als die meisten anderen Religionen. Die katholische Kirche befürwortet auch eine hohe Geburtenrate und dennoch ist in Italien, der Heimat der Kirche, die Geburtenrate eine der niedrigsten der Welt. In einer Gesellschaft mit Scharia, wo der Druck sehr stark ist, diesen Regeln zu folgen, aber auch für Muslime in westlichen Ländern, können wir die Resultate erkennen. In Frankreich, mit einem Anteil von ca. 10% Muslimen, sind fast ein Drittel der Babys Muslime. Weil die Babyboomer immer weniger werden, sind große demografische Veränderungen quer durch die westliche Welt zu erwarten, die die muslimischen Anteile begünstigen. Das Gebiet mit dem höchsten Bevölkerungswachstum ist das Westjordanland mit Gazastreifen. Im Jahr 1948 gab es etwa 170.000 arabische Flüchtlinge (Damals nannte man sie noch nicht “Palästinenser” so wie heute). Heute sind es ungefähr 5 Millionen. Die Geburtenrate liegt bei 5,5 bis 7 Kindern pro Frau. – Nicht alle islamischen Länder befürworten unkontrolliertes Bevölkerungswachstum, dennoch kann man den Trend deutlich durch einen kurzen Blick auf die globale Bevölkerungsstatistik erkennen.

11. Der Dschihad beginnt

Nachdem er die Kontrolle über die Stämme von Medina erreicht und gesichert hatte, wandte Mohammed seine Aufmerksamkeit wieder den Quraisch von Mekka zu.

Die Karawanen, die Mekka aus dem Norden versorgten, kamen nahe bei Medina vorbei und Mohammed fing an, Stoßtrupps auszusenden, um sie anzugreifen. Die Karawanen waren normalerweise gut bewaffnet und die ersten sieben Angriffe waren erfolglos. Jedoch hatten alle arabischen Stämme damals eine Übereinkunft, dass während der vier heiligen Monate jede Art von Kampf tabu war, wahrscheinlich um den Handel zu erleichtern, von dem der Lebensunterhalt der Araber abhing. In diesen Monaten konnten große oder wertvolle Waren ohne teure bewaffnete Schutztruppen transportiert werden. Diese Regel nützte allen und wurde daher streng befolgt.

Am letzten Tag eines dieser Monate traf eine muslimische Raubgruppe auf eine mekkanische Karawane. Erst am nächsten Tag hätten sie das Recht gehabt, die Karawane anzugreifen, aber bis dahin hätte die Karawane schon die sicheren Grenzen des Gebietes von Mekka erreicht. Innerhalb dieser Grenzen waren Kämpfe ganzjährig verboten, weil Mekka heilige Stadt war. Nun befanden sie sich in einer Zwickmühle, was zu tun sei. Schließlich beschlossen sie, die Karawane trotzdem anzugreifen.

Ich zitiere die folgende Szene doppelt, einmal aus „Mohammed und die Ungläubigen", der vereinfachten Sira von Bill Warner, mit dessen freundlicher Genehmigung. Ich füge die entsprechenden Textstellen der „originalen" Sira an, also Gustav Weils klassische Übersetzung ins Deutsche von 1864. (Harry Richardson nahm hier die englische Sira-Übersetzung, d. Ü.)

An der wörtlich übersetzten Sira fällt auf, wie viele Personennamen, Orte und Details sie überliefert. Daher ist der Ansatz naheliegend, die Geschichte ohne diesen Ballast im Zusammenhang zu erzählen. Im Vergleich erkennt man, dass „Mohammed und die Ungläubigen" klarer und einfacher zu lesen ist und dabei vor allem nichts Wesentliches weggelassen oder verfälscht wurde. Daher werde ich im Folgenden hauptsächlich daraus zitieren.

Die Skeptiker unter den Lesern mögen auch andere Textstellen vergleichen, Zweifel sind immer gut. Ein Vergleich, ob das auch wirklich so stimmt, ist leicht möglich. Hier nochmal der Hinweis, dass die deutsche Sira kostenlos im Internet leicht zu finden ist und sich wirklich gut liest.

Aus der Sira, jeweils erst Warner, dann Weil:
I425 Die Muslime hielten Rat. Sie standen vor einem Dilemma: Wenn sie die Karawane jetzt angriffen, würden sie im heiligen Monat töten. Zum Glück endete der heilige Monat an jenem Tag, und am nächsten Tag bestünde das Tabu des Tötens nicht mehr. Aber das Problem war, dass sie zur Nacht in das heilige Gebiet von Mekka einträte, wo niemals getötet werden darf. Sie zögerten und sprachen, was zu tun sei. Sie beschlossen, vor dem nächsten Tag so viele wie möglich zu töten und ihre Güter zu nehmen.

I425 ... war der letzte Tag vom (heiligen). Monat Radjab. Die Moslimen hielten nun Rath, und sagten: bei Gott, lassen wir die Karawane diese Nacht, so wird sie in das heilige Gebiet eintreten, und darin Schutz gegen euch finden, greifet ihr sie aber jetzt an, so begeht ihr eine Mordthat im heiligen Monat. Die Leute wurden ängstlich, und scheuten sich sie anzugreifen, dann ermannten sie sich und beschlossen, so viel sie vermochten von ihr zu tödten und die Waaren wegzunehmen. ...

I425 Der Islam zog seine erste Blutfehde gegen die Quraisch von Mekka. Die griffen unbewaffnete Männer an. Amr war der erste, der durch den Dschihad getötet wurde, er wurde mit einem Pfeil erschossen. Ein Mann entkam und zwei andere fingen sie. Die Muslime nahmen die Kamele mit ihren Waren und brachen auf, zurück zu Mohammed nach Medina. Auf dem Weg redeten sie darüber, wie Mohammed seinen fünften Teil der Beute bekäme.

I425 Wakik I. Abd Allah schoss einen Pfeil auf Amr I. Alchadhrami ab und tödtete ihn, Othman I. Abd Allah und Alhakar I. Keisan wurden zu Gefangenen gemacht, Naufal I. Abd Allah aber entkam.
Abd Allah kehrte hierauf mit der Karawane und den beiden Gefangenen zu Mohammed nach Medina zurück. Einer aus dem Geschlechte Abd Allah's berichtet, Abd Allah habe seinen Gefährten gesagt: der fünfte Theil der Beute gehört dem Gesandten Gottes, obgleich damals das Gebot, dem Propheten den fünften Theil der Beute zu überlassen, noch nicht geoffenbart war, das Uebrige theilte er unter seine Gefährten.

I425 Als sie zurück waren, sagte Mohammed, dass er nicht befohlen habe, sie im heiligen Monat anzugreifen. Er ließ die Karawane und die beiden Gefangenen stehen und weigerte sich, irgendwas mit ihnen oder den Waren zu tun. Die Gefangenen sagten: „Mohammed hat den heiligen Monat verletzt, hierin Blut vergossen, Waren gestohlen und Gefangene genommen".

I425 Als sie nach Medina kamen, sagte Mohammed: ich habe euch nicht befohlen, im heiligen Monate Krieg zu führen, er liess die Karawane und die Gefangenen stehen, und weigerte sich etwas davon anzunehmen. Als Mohammed so gesprochen hatte, bereuten die Leute ihr That und hielten sich für verloren, denn sie wurden auch von ihren Gefährten desshalb getadelt. Die Koreishiten aber sagten: Mohammed und seine Gefährten haben den heiligen Monat durch Mord, Raub und Gefangennahme entweiht, ...

Der Koran sagt dazu:
2:217 *Sie fragen dich über den Kampf im Heiligen Monat. Sprich: «Dann kämpfen ist bedenklich, aber von Allahs Weg abbringen und Ihn und die Heilige Moschee leugnen und ihre Bewohner austreiben, ist noch bedenklicher vor*

Allah; und Verfolgung ist schlimmer als Totschlag.» Und sie werden nicht eher aufhören, euch zu bekämpfen, als bis sie euch von eurem Glauben abtrünnig gemacht haben, wenn sie es vermögen. Wer aber unter euch von seinem Glauben abtrünnig wird und als Ungläubiger stirbt – das sind diejenigen, deren Taten wertlos sein werden in dieser und in jener Welt. Sie sind Bewohner des Feuers; darin müssen sie bleiben.

I426 Nach Mohammed ist es schlechter, der Lehre des Islam zu widerstehen und Muslime zu überreden, von ihrem Glauben abzufallen, als zu töten. Vor dem Islam war die rechtliche Regelung in Arabien ein Töten für Töten, aber nun war sich dem Islam zu widersetzen schlimmer als Töten. Die sich gegen den Islam aussprachen und sich dem Islam widersetzten, dürften als heiliger Akt getötet werden. So wurde der Mord und Diebstahl geheiligt. Die Kriegsbeute wurde verteilt und ein Lösegeld für die Gefangenen wurde festgelegt. Die Männer, die getötet und geraubt hatten, waren nun besorgt, ob sie ihren Anteil an der Beute bekämen.

I426 .. Gottes abgehalten, an Gott nicht geglaubt, sie halten euch vom heiligen Tempel fern und haben euch daraus vertrieben, während ihr doch dessen Herrn seid, diess ist ernster vor Gott als der Tod einiger Männer, die ihr erschlagen habt. „Verführung ist schlimmer als Todtschlagen", d. h. sie verführten die Moslimen von ihrem Glauben, bis sie wieder in den Unglauben zurückfielen, und das ist schlimmer vor Gott als einen Menschen zu tödten; „sie werden nicht aufhören euch zu bekämpfen, bis sie euch von euerm Glauben abtrünnig machen, wenn sie es können", d. h. sie thun weit Schlimmeres und Ernsteres, und lassen nie davon ab. Nachdem durch diese Offenbarung Gott die Gläubigen von ihrer Angst befreit hatte, nahm auch Mohammed seinen Antheil an der Beute und den Gefangenen. Die Kureisch schickten dann zu Mohammed, um die beiden Gefangenen auszulösen, Mohammed sagte aber: ich gebe sie nicht eher frei, bis meine beiden Gefährten, nämlich Saad und Otba, zurückkommen, um die wir besorgt sind, tödtet ihr diese, dann tödten wir auch die Gefangenen. Als Saad und Otba zurückkehrten, nahm Mohammed das Lösegeld an, und schenkte jenen die Freiheit. ....

I426 Als Muslime, die ins Exil geschickt worden waren und kämpften, waren sie von Allah gesegnet. Sie erhielten ihre Kriegsbeute und Mohammed nahm sein Fünftel.

Der Koran setzt das Ereignis so um:
2:218 *Die da glauben und die auswandern und hart ringen für Allahs Sache [Dschihad], sie sind es, die auf Allahs Gnade hoffen; und Allah ist allverzeihend, barmherzig.*

Und der *Hadith von Bukhari*:
B4,53,351 Allahs Apostel sprach: "Kriegsbeute ist mir zum Gesetz geworden [steht mir gesetzlich zu]."

Ein Kriegsgedicht aus der Sira:
Ihr [die Quraisch] haltet Krieg im heiligen Monat für eine schwere Verfehlung, aber schwerer wiegt euer Widerstand gegen Mohammed und euer Unglaube. Auch wenn ihr uns verleumdet für das Töten von Amr, so tranken unsere Lanzen Amr's Blut. - Abu Bakr (Mohammeds Mann zur rechten Hand)

Dschihad, die neue Art der Kriegsführung
Bevor er nach Medina kam, hatte Mohammed nie Gewalt angewendet. Nun, da er die Mittel hatte, attackierte er die Mekkaner, die seine Aufrufe zum Islam verschmäht hatten. Auf den ersten Blick schien es sich nur um einen Angriff eines Stammesführers zu handeln, um Waren einer rivalisierenden Gruppe zu stehlen. Tatsächlich war dies der Beginn eines Krieges, den Mohammed

und seine Anhänger gegen alle seine Feinde (die Kuffar) für immer führen würden.

Sowie dieser Krieg fortschritt, entwickelte Mohammed eine Strategie für ein völlig neues System der Kriegsführung, die Mohammed „Dschihad" nannte (englische „Jihad", bei Gustav Weil: „Djihad"). Im Westen übersetzt man Dschihad als "heiliger Krieg", aber er ist in Wirklichkeit weit mehr. Auch wenn Mohammed ein sehr fähiger Militärtaktiker war, beschäftigt sich der Dschihad kaum mit militärischer Taktik. Wenn er das täte, wäre Dschihad als Taktik obsolet geworden, sobald er auf neuere und effektivere militärische Waffen wie Armbrüste oder Gewehre gestoßen wäre.

Kriegsführung, wie alle Arten von Zwangsmitteln, beinhaltet einen psychologischen Aspekt, der in vielerlei Hinsicht wichtiger als die tatsächliche Gewaltausübung selbst ist. Mohammeds Geniestreich war sein Verständnis dieser Psychologie und die Art, wie er sie in die Taktik des Dschihad einbaute. Daher ist Dschihad eine effektive Strategie, egal ob man mit Pfeil und Bogen oder lasergesteuerten Raketen kämpft. Im Laufe der Geschichte werden wir sehen, wie er die Strategie des Dschihad entwickelt und anwendet.

Ich beginne damit, diese Liste zu erstellen.

Dschihad-Regeln 1 bis 4:

1) Dschihad ist von Allah befohlen. Es gibt keine höhere Autorität; also ist Dschihad immer gerechtfertigt.

2) Lass dich niemals durch irgendwelche Regeln oder Einschränkungen aufhalten, der Zweck heiligt *jedes* Mittel, egal wie furchtbar. Dschihad kann jede Handlung sein, die den Islam voranbringt, oder die Ungläubigen schwächt, sei es durch eine Gruppe oder eine Einzelperson. Auch Geldspenden für den Dschihad eines anderen sind in sich eine Art von Dschihad.

3) Spiele *immer* das Opfer. Mohammed kehrt die Sichtweise um. Obwohl er unschuldige Menschen ohne Not angreift, beschuldigt er sie, dass sie „andere davon abgehalten hätten, Muslime zu werden" und Götzen anbeteten. Der Angriff ist ihre Schuld und die Muslime sind die Opfer, nicht die Ungläubigen.

4) Wiederhole das wieder und immer wieder – und die Leute werden es irgendwann glauben. Wenn du das Opfer überzeugen kannst, die Schuld auf sich zu nehmen, dann hast du gewonnen, weil Gegenwehr ein Gefühl von Ungerechtigkeit erfordert. Wenn das Opfer die Schuld übernimmt, richtet es seinen Hass auf sich selbst.

Auch das Alte Testament enthält Kriegshandlungen der Juden gegen ihre Feinde, die von Gott gebilligt wurden. Diese Billigung betraf immer nur konkrete Kämpfe und konkrete geschichtliche Umstände. Krieg war nie Teil einer durchgehenden Strategie, um die Welt zu übernehmen. Der Gott der Bibel billigt nicht unerbittliche, unprovozierte Gewalt gegen Andersgläubige.

Direkte Übersetzung des arabischen Original-Textes (Die Sira) von Gustav Weil 1864:

Sendung des Abd Allah I Dschadsch und Offenbarung über den heiligen Monat.

Nach der Rückkehr von Bedr, im Radjab, sandte Mohammed den Abd Allah I. Djahsch I. Riab Alasadi, mit acht Auswanderern, aus, und gab ihm einen Brief mit, befahl ihm aber, ihn erst nach einem Marsche von zwei Tagen zu lesen, auch sollte er keinem seiner Gefährten Gewalt anthun. Die Gefährten Abd Allah's, des Führers, waren : Abu Hodseifa I. Otba I. Rabia, von den Benu Abd Sehems, Ukkascha I. Mihssan I.Hurthan, von den Benu Asad, ein Schutzgenosse der Benu Abd Sehems, Otba I. Ghazwan I. Djabir, ein Schutzgenosse der Benu Naufal, Saad I. Abi Wakkass, von den Benu Zuhra, Amr I. Rabia, ein Schutzgenosse der Benu Zahra, von dem Stamme Anz I. Wail, Wakid I. Abd Allah I. Abd Menaf I. Arin I. Tha'laba I. Jarbi', aus dem Stamme Temim, und Chalid (RN 424) M Albukeir, einer der Benu Saad I. Leith, beide Schutzgenossen der Benu Adii I. Kaab, und Suheil I. Beidha, ein Schutzgenosse der Benu-I-Harith I. Fihr. Nach zwei Tagen erbrach Abd Allah das Schreiben, und es stand darin: „wenn Du dieses Schreiben liest, so ziehe nach Nachlah, zwischen Mekka und Taif, und lauere dort den Kureischten auf, und gib uns Nachricht von ihnen!" Als Abd Allah das Schreiben gelesen hatte, war er bereit den Befehl zu vollziehen, und er sagte seinen Gefährten : Mohammed hat mir befohlen nach Nachlah zu gehen und den Kureishiten aufzulauern, um ihm Nachricht von ihnen zu geben, er hat mir auch verboten, einen von euch zu nöthigen, mit mir zu gehen, wer daher Lust hat als Märtyrer zu sterben, der folge mir, wer nicht will, der ziehe sich zurück, was mich betrifft, so bin ich entschlossen, den Befehl des Gesandten Gottes zu vollziehen. Er setzte hierauf seinen Marsch fort, und alle seine Gefährten folgten ihm. Als er zu den Minen von Bahran, im Hedjaz, oberhalb Alfuru, gelangte, verloren Saad I. Abi Wakkass und Otba I. Ghazwan das Kameel, auf dem sie abwechselnd ritten, und sie blieben zurück, um es zu suchen; Abd Allah aber, mit den übrigen Gefährten, zog weiter bis nach Nachlab. Da kam eine Karawane der Kureischiten vorüber, welche Zibeben und Leder und andere Waaren mit sich führte, und bei welchen Amr I. Alhadhrami, Othman I. Abd Allah I.Almughira, und sein Bruder Naufal, aus dem Stamme Machzum, und Alhkam I. Keisan, ein Freigelassener des Hischam I. Altmughira, waren. [I. H. s. Der Name des Alhadhrath I war Abd Allah I. Abbad, nach Andern Malik I. Abbad, einer von dem Geschlechte Assadif's, und der Name Assadif's war Amr I. Malik, einer von der Familie Assakun's I. Aschras I. Kindah, oder nach Andern Kindii.] Die Leute fürchteten sich vor den Moslimen, welche sich in ihrer Nähe niedergelassen hatten. Ukkascha I. Mihssan, der sein Haupthaar abrasirt hatte, näherte sich ihnen, und sie beruhigten sich und sagten untereinander: es sind Pilger, ihr habt Nichts zu fürchten. Es war der letzte Tag vom (heiligen) Monat Radjab. Die Moslimen hielten nun Rath, und sagten: bei Gott, lassen wir die Karawane (RN 425) diese Nacht, so wird sie in das heilige Gebiet eintreten, und ...

12. Die Schlacht von Badr

Eine große Karawane der Quraisch war auf dem Rückweg nach Mekka, beladen mit Waren und Schätzen. Mohammed hörte davon und beschloss, die Karawane angreifen und den Schatz zu stehlen. Einige seiner Männer zögerten mitzumachen, da die Quraisch ihre Verwandten und Stammesangehörigen waren. Sie zu töten war vor der Zeit des Islam verboten, aber inzwischen war es von Mohammed gesetzlich erlaubt worden. Mohammed zog mit einer kleinen Armee aus, um die Karawane anzugreifen. Die mekkanische Karawane hörte jedoch davon und schickte einen schnellen Reiter nach Mekka, um Hilfe zu holen. Dort stellten die Mekkaner schnell eine Armee zusammen, die nach Norden marschierte, um die Karawane zu verteidigen. Der Karawane gelang es, Mohammeds Armee zu umgehen und sich auf das sichere Gebiet von Mekka durchzuschlagen. Obwohl die Karawane in Sicherheit war, beschloss die mekkanische Armee, die Muslime an einem Ort namens Badr zu stellen.

Bisher hatten Mohammeds Kämpfer noch nie eine echte Schlacht geschlagen. Bisher waren ihre Ziele kleine Handelskarawanen. Die Muslime waren stark in der Unterzahl. Bevor die Schlacht begann, hatte Mohammed eine Offenbarung, die in der Sira aufgezeichnet ist:

I445 Einige Pfeile flogen und ein Muslim wurde getötet. Mohammed wandte sich an seine Kampftruppe: "Bei Allah, jeder Mann, der heute im Kampfe fällt, mit Mut und Vorwärtsschreiten ohne Rückzug, wird ins Paradies kommen." Einer seiner Leute, der gerade Datteln aß, sagte: „Du meinst, es gibt nichts zwischen mir und dem Paradies, außer von den Quraisch getötet zu werden?" Er warf die Datteln zur Seite, griff sein Schwert und ging in den Kampf. Sein Wunsch wurde ihm erfüllt [er wurde getötet]."
I445 Einer von Mohammeds Leuten fragte, was Allah erheitert. Mohammed antwortete: „Wenn ein Krieger sich mitten in die Feinde stürzt, ohne Rüstung." Der Mann zog sein Panzerhemd

aus, nahm sein Schwert auf, und machte sich fertig zum Angriff [und wurde getötet].

Die Muslime gewannen großen Mut durch Mohammeds Offenbarung. Sie hatten nicht nur keine Angst mehr vor dem Tod, sondern er war ihnen sogar willkommen. Sollten sie den Kampf gewinnen, würde die Kriegsbeute ihnen gehören, aber wenn sie verlören, würden sie das Paradies erlangen.

Der Kampf ging gut für die Muslime aus, denn wie es der Zufall wollte, blies gerade im richtigen Moment ein Sandsturm den Mekkanern in die Augen. Laut Mohammed waren das die Engel, die den Sand in das Gesicht ihrer Feinde bliesen. Die Muslime siegten in ihrem ersten Kampf trotz schlechtester Ausgangslage. Mohammed war ein sehr fähiger militärischer Taktiker, aber vor allem hatte er die Fähigkeit, seine Anhänger zu selbstmörderischer Tapferkeit anzuspornen. Hier zeigte sich sein wahres Genie.

Aus der Sira:

I455 Als die Leichen zum Brunnen gezogen wurden, sah einer der Muslime, wie der Körper seines Vaters hineingeworfen wurde. Er sagte: "Mein Vater war ein tugendhafter, kluger, freundlicher und kultivierter Mann. Ich hatte gehofft, er würde Muslim, aber er starb als Kafir. Sein Aufenthalt ist das ewige Höllenfeuer." Vor dem Islam war das Töten von Verwandten und Stammesbrüdern seit Anbeginn der Zeit verboten. Mit dem Islam würde der Bruder den Bruder töten und ein Sohn würde den Vater töten, wenn er für Allahs Sache kämpft, im Dschihad.

Anmerkung des Autors:

Auch wenn die Teilnehmer dieser Schlacht nur in Hunderten zählten, ist sie wahrscheinlich eine der wichtigsten Schlachten der Geschichte. Sie markiert den Wendepunkt für eine Religion, die heute mehr als eine Milliarde Gläubige hat. Muslimen ist diese Schlacht sehr gut bekannt, aber im Westen kennt sie praktisch niemand.

Mohammeds Männer gingen in diesen Kampf als ein Haufen gewöhnlicher Räuber, aber sie kamen als eine mächtige politische Kraft heraus. Der Erfolg von Mohammed war *die* Neuigkeit in ganz Arabien. Durch seinen Erfolg und die Kriegsbeute wurden immer mehr Anhänger angezogen.

Mohammed verstand das Märtyrertum als wichtiges Machtinstrument zu seinem Vorteil einzusetzen und viele seiner Lehren drehten sich von nun an darum. Er spricht wiederholt von den Belohnungen, die Märtyrer im Jenseits erwarten, die weit in den Schatten stellen, was der gewöhnliche Muslim sonst erwarten kann. Der islamische Himmel hat verschiedene Ebenen, wobei der Unterschied von einem Himmel zum nächsthöheren so groß sein soll, wie der Unterschied zwischen der Erde und dem ersten Himmel. Die „Shahid", die Märtyrer, gehen direkt in den allerhöchsten Himmel.

Mohammed fügte damit einen weiteren wichtigen Baustein zu seinem neuen System des Dschihad. Durch die Einführung des Konzepts des Martyriums in seine Religion und politische Bewegung gelang es ihm, seine Anhänger zu Tapferkeit bis in den Tod anzuspornen. Das ist ein großer Vorteil für jede Kampftruppe, vor allem für eine, die gefallene Krieger so schnell ersetzen kann wie der Islam.

Dschihad-Regel 5:
Begeistere deine Anhänger zu fanatischer Tapferkeit bis in den Tod.

13. Die Aufhebung des alten Korans

Während er in Mekka lebte, war Mohammed von Feinden umgeben. Obwohl er damals anderen auch drohte, griff er nie zu Gewalt. Jetzt war er eine politische Macht und fing an, aus Drohungen praktischen Nutzen zu ziehen. Der Koran spiegelt diese Veränderung deutlich wider. Er wird daher von den Gelehrten unterteilt in den „Koran von Mekka" und den „Koran von Medina". Weil der Koran nicht chronologisch geordnet ist, kann der Laie diese Unterscheidung nur schwer erkennen. Sobald man ihn in die richtige Reihenfolge bringt, wird das jedoch sehr deutlich (siehe Anhang).

Aus dem Koran von Mekka:
88:21-26 Ermahne drum; denn du [Mohammed] bist nur ein Ermahner; Du bist nicht Wächter über sie. Jener aber, der sich abkehrt und im Unglauben verharrt, Ihn wird Allah mit der schwersten Strafe strafen. Zu Uns ist ihre Heimkehr, Alsdann obliegt Uns ihre Rechenschaft.

Zum Vergleich der spätere Koran von Medina:
8:12-14 Da dein Herr den Engeln offenbarte: «Ich bin mit euch; so festiget denn die Gläubigen. In die Herzen der Ungläubigen werde Ich Schrecken werfen. Treffet (sie) oberhalb des Nackens und schlagt ihnen die Fingerspitzen ab!» - Dies, weil sie Allah Trotz boten und Seinem Gesandten. Wer aber Allah und Seinem Gesandten Trotz bietet – wahrlich, Allah ist streng im Strafen. - Dies kostet es denn; und (wisset) daß für die Ungläubigen die Feuerspein bestimmt ist.

Mohammed stellte klar, dass wo immer es einen Widerspruch im Koran gäbe, der frühere Vers aufgehoben würde durch den späteren Vers. Sure 2, Vers 106 regelt, welche Verse aufgehoben wurden und welche gelten. Muslime weisen in Diskussionen oft auf friedliche Zitate aus dem mekkanischen Koran hin, aber unterlassen den Hinweis, dass diese Verse durch spätere aufgehoben werden.

Ich möchte die darin enthaltene logische Herausforderung als wichtige Facette des Islam noch einmal erläutern, weil sie für das Verständnis des Islams entscheidend ist:

Wie soeben gesagt, heben spätere Koranverse frühere auf. Außerdem wissen wir bereits, dass der Koran als das perfekte Wort Allahs gilt. Wie passt das zusammen? Nach unserer Logik ist es so: Wenn zwei Dinge einander widersprechen, dann muss eines davon falsch sein.

Nach der islamischen Logik aber können zwei Dinge einander widersprechen und doch beide richtig sein. Nach westlichem Denken ist das verwirrend. Nach unserer Logik kann es keine einander widersprechenden Wahrheiten geben. Westliche Logik gründet auf Wahrheit und nur eine Sache kann wahr sein. In der islamischen Logik hingegen ist "Wahrheit" alles, was den Islam voranbringt. Zwei Dinge können daher einander logisch widersprechen – und doch sind beide „wahr".

Der Koran sagt, Mohammedaner sollen dem Beispiel von Mohammed folgen – aber welchem? (a): In Mekka setzte Mohammed nie Gewalt gegen die Ungläubigen ein und in den sehr frühen Tagen zeigte er sogar eine gewisse Toleranz gegenüber anderen Religionen. Oder (b): Sobald er aber in Medina war, wandte Mohammed die meiste Zeit Gewalt an, um seine Ziele zu erreichen, und zeigte keinerlei Toleranz gegenüber Ungläubigen.

Der Medina-Koran ist der spätere und ersetzt so den Mekka-Koran. Dennoch ist der Mekka-Koran gültig, weil der Koran (und Mohammed) perfekt sind. Folglich kann ein Mohammedaner dem einen oder dem anderen Beispiel folgen, auch wenn das Beispiel aus Medina besser ist, weil es später ist. Woher aber weiß man, welches man wählen soll?

Auch hier müssen wir für die Antwort auf das Vorbild Mohammeds schauen: In Mekka war Mohammed nicht mächtig und von Feinden umgeben. Während dieser Zeit predigte er Toleranz und Gewaltlosigkeit. In Medina wurde er mächtig und benutzte häufig Gewalt, um seine Ziele zu erreichen. Mohammeds Beispiel dafür, wie man sich verhalten soll, ist also: Es hängt von den Umständen ab: Wenn du nicht in einer Machtposition bist, sei ruhig und lenke keine Aufmerksamkeit auf dich. Nutze die Zeit, um Kraft aufzubauen und Anzahl, bis du stark genug bist, um den Dschihad zu beginnen. Dies ist Mohammeds Beispiel der „*Sunna*", die aus den *Hadithen* besteht (den Traditionsüberlieferungen) und der *Sira*, seiner Biografie.

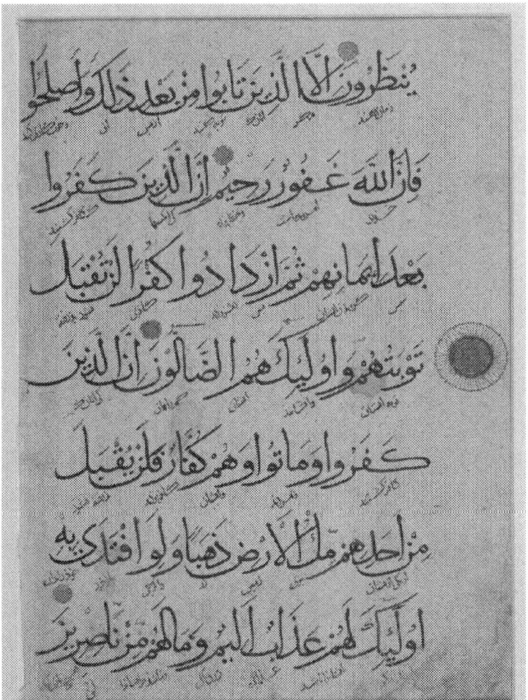

Koran-Handschrift aus dem 14. Jahrhundert

14. Taqiyya: Krieg ist Täuschung

Mohammed hatte nun klar den taktischen Vorteil erkannt, den ihm der unerschrockene Mut seiner Krieger brachte. Als ein religiöser Führer konnte er seinen Anhängern Drohungen und Anreize bezüglich des Jenseits bieten, was die meisten rein militärischen Befehlshaber nicht können. Er stellte weitere Regeln auf, wie diese aus der Sira:

I477 Wenn ein Muslim im Kriege auf einen Kafir trifft, darf er ihm nicht den Rücken zuwenden, außer als taktisches Manöver. Ein Muslim, der für Allahs Sache kämpft, muss dem Feind ins Gesicht sehen. Wer das nicht tut, brächte die Rache Allahs über sich und das Urteil zur Hölle. Furcht ist keine Option für einen Dschihadisten.

Die Bedingungen des Dschihad wurden in dieser Phase festgelegt und sind auch in Ishaqs Biografie aufgezeichnet:
I480 Wenn die, die die alten Religionen praktizieren, sich dem Islam unterwürfen, dann ist alles vergeben. Aber wenn nicht, dann sollen sie die Lektion von Badr erhalten. Der Dschihad soll nicht aufhören, bevor die Kuffar nicht zum Islam übergetreten sind. Nur Unterwerfung unter den Islam kann die Kuffar retten.

Der Koran bekräftigt das:
8:38-40 Sprich zu denen, die ungläubig sind: Wenn sie abstehen, dann wird ihnen das Vergangene verziehen; kehren sie aber zurück, dann, wahrlich, ist das Beispiel der Früheren schon dagewesen. Und kämpfet wider sie, bis keine Verfolgung mehr ist und aller Glaube auf Allah gerichtet ist. Stehen sie jedoch ab, dann, wahrlich, sieht Allah sehr wohl, was sie tun.
Und wenn sie den Rücken kehren, dann wisset, daß Allah euer Beschützer ist; welch ausgezeichneter Beschützer und welch ausgezeichneter Helfer!

Anmerkung des Autors:
Mohammed stellt klar, sein Feind hat zwei Möglichkeiten: Sich seinem Willen zu unterwerfen oder für immer gegen seine dschihadistischen Anhänger zu kämpfen. Die Drohung „Unterwerfung oder Tod“ ist fürwahr kein neues Konzept, auch in Mohammeds Tagen nicht. Der wahre Geniestreich des Dschihad liegt jedoch in der Verwendung von Täuschung. Mohammed benutzt sie, um seine Feinde zu verwirren und sie glauben zu machen, dass mit ihm verhandelt werden könne; wo er aber in Wahrheit geschworen hat, sie zu bekämpfen, bis sie sich entweder unterwürfen oder stürben.

Mohammed teilt die Welt gedanklich in zwei Teile: „Dar al Islam" und „Dar al Harb". Dar al Islam ist das Land des Islam, das sich unterworfen hat und von der Scharia regiert wird. Dar al Harb hingegen ist das „Land des Krieges", der alle anderen Teile der Welt umfasst. Völker mögen meinen, sie befänden sich nicht im Krieg mit dem Islam, aber wenn sie nicht von der Scharia regiert werden, dann ist der Islam in Wirklichkeit im Kriegszustand mit ihren Ländern. (Insofern stimmt die Aussage: „Islam ist Frieden" – d. Ü.)

Alle Muslime sind Teil einer Nation, die als die „*Umma*" bezeichnet wird, die im Krieg mit allen anderen Nationen ist. Auch wenn zu einem Zeitpunkt keine Feindseligkeiten stattfinden, sind sie immer noch im Kriegszustand, auch wenn der gewöhnliche Muslim das vielleicht nicht weiß.

Dieser Friede ist zeitlich begrenzt und wird im Islam als "Hudna" bezeichnet. Ein Muslim, der in Deutschland lebt, ist daher nicht ein Deutscher, der zufällig auch Muslim ist. Er ist vielmehr ein Muslim, der zufällig gerade in Deutschland lebt (und damit im Dar al Harb). Seine Loyalität liegt daher in erster Linie bei der Umma, die im Prinzip im latenten Kriegszustand mit Deutschland ist.

Die Fähigkeit des Islam, diese Tatsachen vor Nicht-Muslimen zu verstecken, macht den Dschihad so erfolgreich. Muslimische

Führer verstehen das und betreiben großen Aufwand, diese Täuschung zu verbreiten. Das hat sogar einen Namen im Arabischen: „Taqīya" oder „heiliger Betrug". Wir haben bereits gesehen, wie die islamischen heiligen Bücher sich darstellen, um ihre Interpretation so schwer wie möglich zu machen. Später werden wir noch tiefer analysieren, mit welchen Mitteln der politische Islam unermüdlich daran arbeitet, diese Täuschung aufrecht zu erhalten. Mohammed verwendet Täuschung nicht nur häufig, sondern er ist ein Meister darin, wie wir sehen werden.

Dies ist wohl die wichtigste Taktik des Dschihad:

Dschihad-Regel 6:
Täusche den Feind (den Ungläubigen) wo immer möglich, um den Sieg zu sichern.

Verfolger und Verfolgte:
Man beachte bitte die Verwendung des Wortes "verfolgt" im obigen Koranzitat. Mohammed ist gerade dabei, seine Feinde anzugreifen, und gleichzeitig beklagt er die Verfolgung der Muslime. Das erscheint uns seltsam. Mohammed definiert den Begriff "Verfolgung" neu: Verfolger sind nun diejenigen, die nicht zulassen, dass die Scharia über sie herrscht. Der Islam soll ja über die ganze Welt herrschen, also ist die Logik: Wer sich gegen die Beherrschung durch den Islam wehrt, verfolgt Muslime, sogar wenn er von ihnen angegriffen wird.

Das war auch die Begründung beim Karawanenüberfall im heiligen Monat:
2:217 ...Dann [im Heiligen Monat] kämpfen ist bedenklich, aber von Allahs Weg abbringen und Ihn und die Heilige Moschee leugnen und ihre Bewohner austreiben, ist noch bedenklicher vor Allah; und Verfolgung ist schlimmer als Totschlag.» ...

Auch hier werden die Muslime als Opfer dargestellt, die anderen Quraischiten als Verfolger. Seien Sie sich bewusst: Wenn Sie gegen die Einführung der Scharia in Ihrem Land sind, dann sind Sie nach obiger Logik ein „Verfolger" von Muslimen, die es daher für legitim halten, Sie anzugreifen. Die islamische Doktrin sieht dies als Selbstverteidigung!

Wörter lenken Gedanken, verdrehte Wörter verdrehen ebenso das Denken der Menschen.

Außerdem gelten nach dieser Logik Kuffar (Ungläubige), die im Zuge des Dschihad getötet werden, nicht als unschuldige Opfer. Wir hören häufig muslimische Sprecher darauf bestehen, dass „Unschuldige" zu töten gegen die islamischen Lehre sei. Was sie nicht erklären, ist die andere Vorstellung vom Begriff „unschuldig" in der islamischen Lehre. Das ist ein typisches Beispiel von „Taqiyya".

15. Der erste Stamm der Juden

Die Beute der Schlacht von Badr wurde aufgeteilt, wobei Mohammed sich sein übliches Fünftel nahm. Dies war und ist bis heute die Grundlage zum Aufteilen der Beute des Dschihad: Der spirituelle Führer bekommt zwanzig Prozent. Mohammeds Anhänger erwarben nun erstmals sowohl Reichtum als auch Macht. Das machte die neue Religion noch attraktiver für die Wüstenaraber, die nun begannen, die Reihen seiner Anhänger zu füllen.

Nach der Schlacht von Badr machte Mohammed ein paar bewaffnete Überfälle auf Stämme, die mit Mekka verbündet waren. Dann wandte er seine Aufmerksamkeit einem der jüdischen Stämme von Medina zu.

Die Geschichte mit den Juden von Qainuqa

I545 Es gab drei Stämme Juden in Medina. Die Banū Qainuqa waren Goldschmiede und lebten in einer Festung. Mohammed behauptete, dass sie den Vertrag gebrochen hätten, den man geschlossen hatte, als Mohammed nach Medina kam. Wie sie dies taten, ist unklar.

Mohammed sammelte die Juden in ihrem Markt und sagt: "O ihr Juden, passt auf, dass Allah nicht Rache auf euch bringt, wie er es bei den Quraisch tat. Werdet Muslime. Ihr wisst, dass ich ein Prophet bin, der zu euch gesandt wurde. Ihr findet das in euren Schriften."

Sie antworteten: "O Mohammed, du scheinst zu denken, dass wir dein Volk sind. Täusche dich nicht selbst. Du hast ein paar Kaufleute von den Quraisch getötet, aber wir sind wirkliche Krieger und wahre Männer."

Die Antwort laut Koran:

3:12-13 *Sprich zu denen, die ungläubig sind [zu den Kuffar]: «Ihr sollt übermannt und in der Hölle versammelt werden; und schlimm ist die Ruhestatt!» - Wahrlich, es ward euch ein Zeichen in den zwei Heeren, die aufeinander trafen [gemeint ist Badr], das eine Heer kämpfend in Allahs*

Sache, das andere ungläubig; und sie sahen sie mit sehenden Augen doppelt so viel wie sie selber. Also stärkt Allah mit Seinem Beistand, wen Er will. Darin liegt wahrlich eine Lehre für die, die Augen haben.

I546 Etwas später belagerte Mohammed den jüdischen Stamm der Banū Qainuqa in ihren Vierteln. Keiner der beiden anderen jüdischen Stämme kam ihnen zu Hilfe. Schließlich ergaben sich die Juden und erwarteten nach ihrer Gefangennahme umgebracht zu werden.

I546 Ein arabischer Verbündeter, der mit ihnen in Geschäftsbeziehung stand, ging zu Mohammed und sprach: „O Mohammed, behandle meine Kunden schonend." Mohammed ignorierte ihn. Der Verbündete wiederholte seine Forderung und Mohammed ignorierte ihn weiterhin. Der Verbündete packte Mohammed am Gewand und entzürnte Mohammed, der rief: „Lass mich los!" Der Verbündete sagte: „Nein, du musst mit meinen Kunden gut umgehen. Sie haben mich geschützt, und nun würdest du sie alle töten? Ich fürchte diese Veränderungen".

Die Antwort laut Koran:

5:57 *O die ihr glaubt, nehmt euch nicht die zu Freunden – unter jenen, denen vor euch die Schrift gegeben ward, und den Ungläubigen –, Die mit eurem Glauben Spott und Scherz treiben. Und fürchtet Allah, wenn ihr Gläubige seid;*

5:58 *Die es als Spott und Scherz nehmen, wenn ihr zum Gebet ruft. Dies, weil sie Leute sind, die nicht begreifen.*

5:59 *Sprich: «O Volk der Schrift, ihr tadelt uns nur deswegen, weil wir an Allah glauben und an das, was zu uns herabgesandt ward und was schon vorher herabgesandt wurde, oder weil die meisten von euch Empörer sind.»;*

5:60 *Sprich: «Soll ich euch über die belehren, deren Lohn bei Allah noch schlimmer ist als das? Die Allah verflucht hat und denen Er zürnt und aus denen Er Affen und Schweine gemacht hat und die den Bösen anbeten. Diese sind in einer noch schlimmeren Lage und noch weiter irregegangen vom rechten Weg.»*

Die Banū Qainuqa wurden aus Medina vertrieben. Sie erhielten drei Tage Zeit, ihre Angelegenheiten zu regeln, und ihre Sachen zu packen. Sie wanderten durch die Wüste in Richtung Persischer Golf.

Anmerkung des Autors:
Der Koran instruiert Muslime sehr deutlich, Nicht-Muslime nicht zu Freunden zu nehmen. Sie dürfen freundlich zu Ungläubigen sein, insbesondere um einen Vorteil für den Islam zu erzielen. Aber in dem Maße, in dem ein Muslim ein wahrer Freund eines Ungläubigen ist, in dem Maße ist er nicht Muslim.

Wenn man eine Gruppe Menschen dazu bringen will, Gewalttaten gegen eine andere Gruppe zu begehen, muss man die menschlichen Bindungen zwischen ihnen brechen, dass sie die anderen nicht als ebenbürtige Menschen sehen. Jeder Militärkommandant versteht dieses Konzept: Am ersten Heiligabend im 1. Weltkrieg kamen englische und deutsche Soldaten aus ihren Schützengräben, sangen zusammen Weihnachtslieder und teilten Zigaretten und Essen. Die militärische Führung beider Seiten sorgte umgehend dafür, dass solche Verbrüderungsszenen nie wieder vorkamen.

Um Menschen zu Gewalt zu motivieren, ist es wichtig, den Gegner zu dämonisieren und zu de-humanisieren. Da ist Freundschaft hinderlich.

Mohammed tat dies ständig. Er bezieht sich nie auf Menschen als solche, sondern teilt die Welt ein in Muslime und Ungläubige. Die Ungläubigen, die Kuffar, sind in jeder Hinsicht die schlimmste Art von Kreatur und jede Handlung gegen einen Kafir ist gerechtfertigt. Die Juden bezeichnet er zusätzlich als Schweine und Affen. Uns Deutschen fällt hierzu die Dämonisierung der Juden ab 1933 ein, eine psychologische Voraussetzung für die weitere Judenverfolgung.

Die *Sira* fährt fort zu beschreiben, wie Mohammed damals seine Anhänger ermutigte, seine Feinde und Kritiker zu ermorden, vor allem die Juden. Er erlaubt und ermutigt sie sogar, Betrug zu nutzen, um ihre Ziele zu erreichen; oft ihr Vertrauen zu gewinnen, um sie zu ermorden:

Aus der Sira:
I554 Der Gesandte Gottes sagte: "Tötet jeden Juden, der in eure Gewalt fällt." Nachdem der das gehört hatte, traf Muhayyisa auf einen jüdischen Kaufmann, der ein Geschäftspartner war, und tötete ihn. Muhayyisas Bruder war kein Muslim und fragte, wie Muhayyisa einen Mann töten könne, der sein Freund und Partner bei vielen Geschäften gewesen sei. Der Muslim sagte, wenn Mohammed ihn gebeten hätte, seinen Bruder zu töten, hätte er es sofort getan. Sein Bruder sagte "Du meinst, wenn Mohammed befiehlt, mir den Kopf abzuschneiden, dass du es tun würdest?" - "Ja" war die Antwort. Der ältere Bruder sagte dann: "Bei Allah, eine Religion, die dich dazu bringt, das ist großartig." Und er entschied sich auf der Stelle, Muslim zu werden.

Anmerkung des Autors:
Es ist erstaunlich, wozu Menschen fähig sind. In vielen Experimenten haben Psychologen wiederholt festgestellt: Sobald eine tonangebende Gruppe ein Verhalten für akzeptabel hält, stimmt die überwiegende Mehrheit zu und macht mit bei Dingen, die „zivilisierte" Menschen für unmenschlich halten würden.

Wie viele Japaner denken groß nach, bevor sie Wal essen? Wie viele Vietnamesen halten es für falsch, einen Hund zu töten und zu essen? – Wie waren die Morde der Roten Khmer in Kambodscha möglich? – Stalins Säuberungen? – In den vierziger Jahren wurden sechs Millionen Juden mitten in Europa ausgelöscht, unter Mithilfe von „ganz normalen Deutschen". – In England fand man es um 1900 normal, Kinder von fünf oder sechs Jahren zum Reinigen in Schornsteine zu schicken, von denen einige nicht mehr herauskamen.

Aus heutiger aufgeklärter Sicht erscheinen solche Taten abscheulich oder gar irreal. Dennoch waren das Menschen genau wie wir, die sehr wohl in der Lage waren, so etwas zu tun. Ideologien und Religionen haben einen starken Einfluss auf Gesellschaften. Wenn Menschen glauben, dass sie Autorität von einer göttlichen Macht oder überlegenen Ideologie haben, sind sie in der Lage, normale menschliche Gefühle von Abscheu zu unterdrücken. Wenn "alle anderen es auch tun", ist es einfach, als Mitläufer selbst extremes Verhalten zu rechtfertigen.

Mohammed war nicht nur ein religiöser Führer, sondern vor allem ein politisch-militärischer. Der Islam ist nicht nur eine Religion. Er enthält eine große politische Komponente, in derselben Weise wie der Kommunismus oder Faschismus auch religiöse Anteile haben. Solche Ideologien sind sehr gefährlich. Eine kleine fanatische Gruppe von nur ca. 5% der Bevölkerung kann leicht die Macht ergreifen, wenn die Mehrheit schweigt – mit verheerenden Folgen. Sobald sie die Macht haben, ist es oft unmöglich, ohne fremde Hilfe davon loszukommen. Der Kommunismus dauerte rund 70, der Nationalsozialismus zwölf Jahre, aber den Islam gibt es seit 1400 Jahren und er ist heute stärker denn je.

16. Die Schlacht von Uhud

Nach der Schlacht von Badr verlangten die Mekkaner Rache. Sie hoben eine Armee aus und marschierten nach Medina, wo sie außerhalb der Stadt lagerten und auf Mohammed warteten. Mohammed zog es vor zu warten, bis sie angriffen, um die Verteidigungsanlagen der Stadt zu nutzen. Viele seiner hitzköpfigen Krieger fühlten sich jetzt unbesiegbar und wollten herausmarschieren, um zu kämpfen. Mohammed stimmte schließlich zu und marschierte mit seinen Männern aus der Stadt, um an einem Ort namens Uhud auf die Mekkaner zu treffen.

Die Schlacht nahm einen günstigen Verlauf für die Muslime, die nun mit Todesmut kämpften, weil sie glaubten, dass Tod im Kampf ins Paradies führe. Es gelang ihnen, die Mekkaner von ihrem Lager abzuschneiden, das deren Vorräte und Wertgegenstände enthielt. Mohammed hatte eine Gruppe Bogenschützen, um seine rückwärtige Flanke zu schützen. Als diese Bogenschützen sahen, dass die Mekkaner von ihrem Lager abgeschnitten waren, liefen sie vor, um die ersten beim Griff nach der Beute zu sein. Dies öffnete die Flanke von Mohammeds Armee, und die mekkanische Kavallerie konnte die muslimische Verteidigung durchbrechen.

Mohammed musste um sein Leben rennen, und seine Armee wurde völlig aufgerieben. Zu seinem Glück nutzten die Mekkaner ihren Vorteil nicht weiter aus. Sie waren nur wegen Stammes-Justiz gekommen, und die war wieder hergestellt. Wie die meisten menschlichen Gesellschaften, die zu Gewalt greifen, hatten die Mekkaner ein Ziel. Sobald dieses Ziel erreicht war, legten sie ihre Waffen nieder und nahmen ihre Alltagsgeschäfte wieder auf.

Für die Muslime war die Niederlage bei Uhud eine harte Landung auf dem Boden der Tatsachen. Sie hatten geglaubt, dass Allah hinter ihnen stünde und sie daher unbesiegbar wären. Mohammed, gerissen wie immer, verwendete den Rückschlag zu seinem Vorteil.

Er erklärte den Moslems, Allah würde sie auf die Probe stellen. Wenn er ihnen nichts als leichte Siege gäbe, könnte Allah nicht prüfen, wer seine wahren Anhänger wären. Es sei auch wichtig für die Muslime zu erfahren, dass sie vor allem für die Größe Allahs und die Weiterentwicklung des Islams kämpften. Die Kriegsbeute sei eigentlich nur die Beigabe. Ihre Hinwendung zu den Vergnügungen des Lebens hätte bewirkt, dass sie besiegt worden seien und dass Allah unzufrieden mit ihnen geworden sei.

Aus dem Koran:

3:140-142 Habt ihr eine Wunde empfangen, so hat gewiß das (ungläubige) Volk bereits eine ähnliche Wunde empfangen. Und solche Tage lassen Wir wechseln unter den Menschen, auf daß (sie ermahnt würden und) Allah die Gläubigen bezeichne und aus eurer Mitte Zeugen nehme; und Allah liebt nicht die Ungerechten
Und damit Allah die Gläubigen reinige und austilge die Ungläubigen.
Wähnt ihr etwa, ihr werdet in den Himmel eingehen, dieweil Allah noch nicht Glaubensstreiter unter euch bezeichnet noch die Standhaften bezeichnet hat? [bevor Allah euch nicht geprüft hätte, um zu sehen wer für seine Sache kämpft [Dschihad] und aushält bis zum Ende?]

Anmerkung des Autors:

Um im Krieg zu siegen, ist es wichtig, eine hohe Moral in der Truppe aufrecht zu erhalten. Wenn man immer wieder Erfolg hat, ist das einfach. Aber eine Serie von Niederlagen kann bewirken, dass Soldaten die Hoffnung aufgeben und den Willen zum Kampf verlieren.

Mohammed gab mit dem ihm eigenen Genie seinen Kämpfern eine göttliche Inspiration mit auf den Weg, durch Siege und Niederlagen. Kämpfe nicht nur für den Sieg, den Allah uns garantiert, sondern kämpfe, damit Allah deine Hingabe an ihn beurteilen kann und er wird dich mit dem Paradies belohnen. Dies ist die nächste Regel des Dschihad, die dafür sorgt, dass muslimische Kämpfer immer hoch motiviert sind, sogar in einer ausweglosen Situation.

Dschihad-Regel 7:
Gib nie auf, auch dann nicht, wenn du gerade verlierst.

Nach der Schlacht von Uhud schickte Mohammed wieder Mörder los, um den Anführer einer Gruppe zu töten, der sich ihm entgegengestellt hatte. Mit Mohammeds Segen täuschten sie den Mann zu glauben, dass sie Freunde wären, und benutzten sein Vertrauen, um nahe genug an ihn heranzukommen, um ihn zu töten. Mohammed verwendete diese Art von betrügerischer Maßnahme oft, um politische Gegner zu töten.

Aus der Sira:
I681 Einer von den Ghatafans [ein arabischer Stamm] trat zu Mohammed und sagte, er sei Muslim, aber niemand wisse das. Mohammed sprach zu ihm: "Gehe und sähe Zwietracht unter unseren Feinden. Krieg ist Täuschen."

Und aus dem Hadith von Bukhari:
B4,52,268 Mohammed sprach: "Krieg ist Täuschung."

Mohammed war ein Meister der Psychologie und nutzt Betrug regelmäßig, um Vorteil über seine Feinde zu erlangen. Er drängte seine Anhänger, das gleiche zu tun.

17. Der zweite Stamm der Juden

Der zweite Stamm Juden in Medina, die Banū Nadir, war alarmiert von Mohammeds wachsender Macht und Aggression. Sie begannen, Pläne gegen Mohammed zu schmieden, aber Mohammed, der immer schon gute Informanten hatte, hörte davon und begann, ihre Befestigungen zu belagern.

Diese Juden waren Bauern, die ertragreiche Dattelpalmen bewirtschafteten. Mohammed brannte viele ihrer Dattelpalmen ab, was die Juden sehr erzürnte. Sie riefen: „Du selbst hast mutwillige Zerstörung verboten und diejenigen beschuldigt, die das tun. Nun machst du selbst, was du verbietest."

Die Juden aber waren hilflos und schlossen einen Vertrag mit Mohammed. Ihnen wurde erlaubt wegzugehen und so viel mitzunehmen wie sie tragen konnten, außer Rüstungen und Waffen. Sie rissen sogar ihre Häuser ein, um die Holzbalken mitzunehmen, die in Arabien, wo keine Bäume wachsen, sehr wertvoll waren. Weil es keine Kämpfe gab, nahm Mohammed 100% der Beute, die er für seine Familie verwendete und für den Kauf von Waffen für den Dschihad.

Um seinen Kritikern zu antworten, brachte der Koran einige neue Offenbarungen: Es war Allah, der Rache angerichtet hatte, die die Schuld der Juden war.

Aus dem Koran:
59:2 Er ist es, Der diejenigen von dem Volk der Schrift, die ungläubig waren, austrieb aus ihren Heimstätten bei dem ersten Heerbann. Ihr glaubtet nicht, daß sie hinausziehen würden, und sie dachten, daß ihre Burgen sie beschützen würden gegen Allah. Doch Allah kam über sie, von wo sie es nicht erwarteten, und warf Schrecken in ihre Herzen, so daß sie ihre Häuser zerstörten mit ihren eigenen Händen und den Händen der Gläubigen. So zieht eine Lehre daraus, o die ihr Augen habt.

Aus Bukhari:

B4,52,153 Weil das Eigentum der Juden, welches Allah Mohammed hat zukommen lassen, nicht gewonnen wurde durch Verwendung der Pferde und Kamele der Moslems, gehörte es ausschließlich Mohammed. Er benutzte es, um seiner Familie ihre jährliche Unterhaltszahlung zu geben, und er gab den Rest für Waffen und Pferde für den Dschihad aus.

und die Sira:

I654 Die Juden waren sehr glücklich, dass Allah sie mit wenigen weltlichen Besitztümern hat gehen lassen. Sie kamen lebend davon und Allah tötete sie nicht, aber sie kommen in die Hölle, weil sie sich Mohammed widersetzten.

Anmerkung des Autors:

Weil die Ungläubigen die Feinde Allahs sind, ist alles, was Mohammed gegen sie tut, immer gerechtfertigt. Seine Lehre von Dschihad nimmt Gestalt an als totaler Krieg gegen die Ungläubigen. Er würde sich nicht einschränken lassen in der Wahl der Mittel beim Krieg gegen sie, so wie Allah immer eine Rechtfertigung liefern würde, welche Regeln er auch immer bräche.

Mohammed war jetzt seit rund drei Jahren in Medina.

18. Die Grabenschlacht

Eine weitere Gruppe von Juden, die Banū Quraiza, beschloss nun, es mit Mohammed aufzunehmen und ihn zu vernichten. Sie schlossen eine Allianz mit den Mekkanern und einem weiteren großen arabischen Stamm. Sie machten sich auf den Weg nach Medina. Mohammed erhielt über seine Spione Nachricht davon und ließ unverzüglich die schwächeren Teile der Stadt mit einem großen Graben befestigen. Als die Juden und ihre Verbündeten kamen, konnten sie nicht über den Graben herüberkommen und belagerten also die Stadt.

Der verbliebene jüdische Stamm von Medina ließ sich überreden, obwohl nur ungern, ein Bündnis mit den angreifenden Stämmen einzugehen. Wie üblich erfuhr Mohammed auch davon (er hatte immer eine hervorragende Aufklärung) und schickte einige seiner Spione vor, Zwietracht zwischen den Angreifern zu säen. Das taten sie sehr erfolgreich. Sie täuschten jeder Seite vor, dass man der jeweils anderen nicht trauen könne. Die Mekkaner mussten schließlich die Belagerung aufgeben als ihre Nahrungs- und Wasservorräte aufgebraucht waren und beschlossen, wieder nach Hause zu ziehen. Mohammed wandte sofort seine Aufmerksamkeit gegen den verbliebenen jüdischen Stamm in Medina. Im Koran wird die Grabenschlacht in der Sure 33, Vers 9 bis 25 behandelt.

Aus der Sira:

I684 Mohammed rief seine Truppen zusammen und sie zogen gegen die Juden. Mohammed ritt hinauf auf die Befestigungen und rief aus: "Ihr Brüder von Affen, Ihr seid bei Allah in Ungnade gefallen, und Er bringt Seine Rache über euch!"

Die Juden hatten keine andere Wahl, als zum Islam zu konvertieren, oder sich zu ergeben und Mohammeds Urteil entgegenzusehen. Die meisten weigerten sich zu konvertieren und daher wählte Mohammed einen seiner Hauptmänner aus, um ein Urteil über sie zu sprechen.

Aus Bukhari:

B5,58,148 Als einige der übriggebliebenen Juden von Medina zustimmten, das Urteil von Saed anzunehmen, schickte Mohammed nach ihm. Er näherte sich der Moschee auf einem Esel reitend, und Mohammed sagte: „Steh für deinen Führer ein." Mohammed sprach weiter: „Saed, sprich diesen Leuten dein Urteil." Saed antwortete: „Ihre Soldaten sollen geköpft werden und ihre Frauen und Kinder sollen Sklaven werden." Mohammed, erfreut über das Urteil, sprach: „Du hast gewaltet, wie Allah oder ein König es gutheißen würde."

Die jüdischen Männer wurden gezwungen, ihr eigenes Grab zu schaufeln. Mohammed und seine 12-jährige Braut saßen und beobachteten den ganzen Tag lang bis in die Nacht, wie 800 von ihnen enthauptet wurden. Alle Jungen, die noch keine Schambehaarung hatten, wurden verschont und als Muslime erzogen.

Die Beute wurde anschließend geteilt, wobei sich Mohammed sein übliches Fünftel nahm und der Rest unter seinen Kriegern verteilt wurde. Die Frauen wurden zu einer nahe gelegenen Stadt abgeführt, wo sie als Sexsklavinnen verkauft wurden. Die einzige Ausnahme war die schönste Jüdin, die Mohammed für sich selbst nahm. Er hatte ihren Mann und alle ihre männlichen Verwandten getötet und verwendete sie nun zu seinem eigenen Vergnügen.

Der Koran erwähnt dieses Ereignis so:

33:26-27 Und Er brachte die aus dem Volk der Schrift [die Juden], die ihnen halfen, herunter von ihren Burgen und warf Schrecken in ihre Herzen. Einen Teil erschlugt ihr, und einen Teil nahmt ihr gefangen. Und Er ließ euch ihr Land erben und ihre Häuser und ihren Besitz und ein Land, in das ihr nie den Fuß gesetzt. Und Allah vermag alle Dinge zu tun.

Anmerkung des Autors:
Mir fehlen nicht oft die Worte, aber was soll ich noch zu diesem Geschehen sagen? Oft sagen mir Leute, die die Trilogie des Islam nicht gelesen haben, dass ihre Bedeutung davon abhängt, wie man sie interpretiert. Daher überlasse ich es dem Leser, dieses Ereignis zu interpretieren.

Eine Frage nur: Warum sind die „radikalen" Muslime so scharf darauf, anderen den Kopf abzuschneiden? In Saudi-Arabien köpft die Justiz für so „abscheuliche Verbrechen" wie Kritik an Mohammed oder das Wechseln der Religion. Auch die Dschihadisten des IS köpfen gerne Ungläubige und posten Videos davon im Internet. – Nun wissen Sie, wessen Beispiel sie darin folgen.

Aus Sicht eines Christen tat Jesus nie etwas Falsches. Er log nicht, betrog nicht, stahl nicht, tötete nicht, schwor keine Meineide usw. Er war in der Tat perfekt. Was die meisten nicht sehen: Das liegt genau daran, dass Jesu Vorbild unsere Wertvorstellungen von Richtig und Falsch definiert hat. Somit handelte er per definitionem immer gut. Wenn Jesus sein Leben anders gelebt hätte, hätte die Christentum-basierende Kultur eine andere Vorstellung von Richtig und Falsch, von Gut und Böse ausgebildet.

Natürlich gibt es auch historische Beispiele von Leuten, die behaupteten Christen zu sein und dennoch Brutalitäten ausführten, die den hier geschilderten in nichts nachstehen. Denken wir an die Inquisition. Weil das Christentum sich aber nicht am Beispiel der Inquisition orientiert, sondern am Beispiel Jesu, wie es in den Evangelien steht, haben diese Taten keine Auswirkung darauf, was Christentum ist. Ebenso beruht der Islam nicht auf dem Beispiel irgendwelcher guten oder schlechten Muslime, sondern er beruht auf dem Beispiel von Mohammed, wie in Sira und Hadithen überliefert. Der Islam sieht Mohammed als den perfekten Menschen, als das zu befolgende Beispiel, das Muslimen die Werte von Richtig und Falsch für alle Zeiten vorgibt.

Sklaverei

Mohammed hat die Sklaverei immer befürwortet. Einer seiner ersten Konvertiten war einer seiner eigenen Sklaven. Immer wenn er Gefangene nahm und sie nicht freigekauft oder umgebracht wurden, wurden sie in die Sklaverei verkauft. Besonders Frauen waren wegen ihrer Verwendung als Sexsklavinnen geschätzt. Mohammed selbst besaß viele Sklaven; er kaufte sie, verkaufte sie und nahm sie gefangen. Einer seiner Söhne wurde von einer Sklavin geboren, von der Christin Maria. Er starb aber noch als Kind.

Im Laufe der islamischen Geschichte war Sklaverei daher nicht nur akzeptabel sondern wünschenswert, weil sie den Islam förderte. Ihre Abschaffung wurde erst nach der Eroberung islamischer Länder von christlichen Nationen erzwungen, vor allem durch England und die Vereinigten Staaten. Die Sklaverei wurde in Saudi-Arabien offiziell erst im Jahr 1962 aufgehoben, unter Druck aus dem Westen. Dennoch gibt es sie in einigen muslimischen Ländern inoffiziell immer noch.

Afrika südlich der Sahara war eine wichtige Quelle von Sklaven für die Muslime. Im Arabischen bedeutet das Wort “Abd” Sklave. Der Name “Abdullah” heißt „Diener Allahs”. Das Wort “Abd” hat auch die Nebenbedeutung „Neger”.

19. Ein versuchter Mord

Nach der Schlacht am Graben schickte Mohammed Mörder, um seinen Erzrivalen in Mekka zu töten.

Aus Mohammeds Biographie, der Sira nach Al-Tabari:
T1438 Mohammed schickte zwei Männer nach Mekka, um seinen Rivalen Abu Sufyan zu töten. Der Plan war einfach und der Anführer war aus Mekka, daher kannte er es gut. Sie ritten auf einem Kamel zum Haus von Abu Sufyan. Dort sollte ein Mann Wache stehen und der andere sollte hineingehen und ihn mit einem Messer erstechen. Aber der zweite Moslem wollte zur Kaaba gehen und beten. Der Anführer war dagegen, weil er stadtbekannt war, aber der andere bestand darauf. So gingen sie zur Kaaba – und tatsächlich wurde der Anführer erkannt. Die Mekkaner schlugen Alarm und die beiden Männer flohen aus Mekka. Es bestand keine Gelegenheit mehr, Abu Sufyan jetzt zu töten.
T1439 Die Muslime rannten zu einer Höhle außerhalb von Mekka. Sie stellten Felsen vor die Höhle und warteten in Ruhe ab. Ein Mekkaner näherte sich der Höhle, während er Gras für sein Pferd schnitt. Der muslimische Anführer kam aus der Höhle und tötete ihn mit einem Messerstich in den Bauch. Der Mann schrie laut, und seine Begleiter kamen angerannt; jedoch waren sie mehr mit ihrem sterbenden Kameraden beschäftigt als mit dem Mörder und trugen die Leiche fort. Die Muslime warteten wieder ab und flohen dann weiter.
T1440 Auf dem Rückweg nach Medina trafen die Muslime einen einäugigen Hirten. Es stellte sich heraus, dass sie stammesmäßig verwandt waren. Der Schäfer sagte, er sei kein Muslim, noch würde er es jemals sein. Nach dem Gespräch lehnte sich der Hirte zurück und schlief ein. Der Anführer nahm seinen Bogen und trieb die Pfeilspitze durch das Auge des Hirten in sein Gehirn und aus dem Hinterkopf heraus. Dann machten sie sich auf den Weg zurück nach Medina.

T1440 Unterwegs sah der Anführer zwei Männer aus Mekka, die Gegner des Islam waren. Er erschoss den einen und nahm den anderen gefangen und führte ihn nach Medina. Als sie mit dem Gefangenen zu Mohammed kamen und ihm alles über die Tötungen erzählten, lachte Mohammed so laut, dass man seine Backenzähne sehen konnte. Dann segnete er sie.

Anmerkung des Autors:
In seinen frühen Tagen als Prophet in Mekka waren Mohammeds Lehren rein religiös und Gewalt höchstens auf Drohungen bezüglich des Jenseits beschränkt. Nun aber kann man seinen Hass auf die, die sich weigern, an ihn zu glauben, als übersteigert bezeichnen. Seine Persönlichkeit wird von Psychiatern als narzisstisch beschrieben. Er forderte Anbetung seiner Person und zeigte psychopathischen Hass gegen alle, die ihm nicht den geforderten Status gaben.

Wie wir bereits wissen, können Muslime wählen, ob sie Mohammeds Beispiel aus Mekka folgen wollen, was die meisten tun, oder ob sie dem Beispiel aus Medina folgen, wie es die Dschihadisten bevorzugen. Da frühere Verse von späteren aufgehoben werden, ist der Medina-Koran besser, aber weil der Koran perfekt ist, gilt der mekkanische Koran auch.

Der Islam lässt also sowohl die friedliche Moral zu, als auch die kriegerische, beide sind islamisch richtig. Uns erscheint das als verwirrende Doppellogik oder Doppelmoral.

Diese Verwirrung ist beabsichtigt. Der Islam benutzt sie oft zu seinem Vorteil. Seine harte Seite (von Medina) versteckt sich hinter seiner weicheren Seite (der aus Mekka). Dies ist ein Grund, warum gemäßigte Muslime sich gegenüber uns Ungläubigen über Dschihadisten kritisch äußern können. Sie würden aber niemals den Dschihadisten direkt gegenübertreten, weil sie wissen, dass das Medina-Beispiel als das bessere gilt.

20. Der Dschihad geht weiter

Mohammed war nun Kopf einer sehr mächtigen und leistungsfähigen politischen Kraft. Er begann, andere Stämme rund um Medina anzugreifen und zu erobern. Sie wurden gezwungen, zum Islam zu konvertieren, oder wurden getötet und ihre Frauen als Lustsklavinnen genommen. Seine Macht begann noch mehr Anhänger anzuziehen. Einige wurden von der Kriegsbeute gelockt, andere wollten auf der Gewinnerseite sein und wieder andere hatten Angst, dass sie als nächste an der Reihe wären.

Der Hadith von Bukhari zeichnet nun eine der Schwierigkeiten auf, die Mohammeds Männer zu der Zeit mit ihren weiblichen Gefangenen hatten, und beschreibt Mohammeds Antwort darauf:

B5,59,459 Beim Betreten der Moschee sah Ibn Muhairiz Abu Said und fragte ihn, ob coitus interruptus von Allah erlaubt sei. Abu Said sagte: "Als wir Mohammed in der Schlacht von Banu Al-Mustaliq begleiteten, wurden wir mit arabischen Gefangenen belohnt, darunter auch mehrere Frauen, die sehr begehrt waren, nachdem die Enthaltsamkeit sehr anstrengend war. Wir hatten vor, Coitus interruptus zu üben, aber meinten, dass wir zuerst Anweisung von Mohammed erfragen sollen. [Hrsg. Schwangerschaft bei Sklavinnen war unerwünscht, weil das ihren Marktpreis verminderte.] Mohammed sagte jedoch: „Es ist besser, wenn ihr den Geschlechtsverkehr nicht der Schwangerschaftsverhütung wegen unterbrecht, denn wenn vorherbestimmt ist, dass eine Seele existieren soll, dann wird sie existieren."

Anmerkung des Autors:
Der hier entscheidende Punkt ist nicht Mohammeds Billigung, Sklavinnen zu nehmen und anschließend zu vergewaltigen. Der Punkt ist sein Beharren auf der Vorherbestimmung (Prädestination). Die Prädestinationslehre sagt, dass menschliches Handeln nicht den Lauf der Welt beeinflusst. Muslime sagen oft "Inschallah", was übersetzt bedeutet "Allahs Wille". Mit anderen Worten: nichts wird geschehen, es sei denn, Allah hätte es bereits geplant.

Mekka zu Anfang des 20. Jahrhunderts

Die Prädestinationslehre hat als Sichtweise einen großen Einfluss auf die islamische Gesellschaft. Muslime glauben, dass sie nicht getötet werden, es sei denn Allah will es. Man muss sich also nicht sorgen, getötet zu werden. Ein weiterer Punkt, der Muslime immens tapfer im Kampf verglichen mit Nicht-Muslimen macht.

Die Kehrseite dieser Einstellung ist, dass sie in Friedenszeiten faul und unproduktiv macht. Warum soll man sich auch bemühen, etwas zu verbessern, wenn man nicht glaubt, dass es sich verbessert, es sei denn, Allah will es? Die ultimative Ausrede à la Islam ist: "Warum hast du die Arbeit nicht erledigt, die ich dir aufgetragen habe?" – "Nun, offensichtlich wollte Allah nicht, dass ich sie mache!" – "Warum bist du letzte Woche nicht zur Arbeit erschienen?" – "Nun, Allah wollte es so!"

Mohammed war es egal, ob seine Anhänger produktiv waren und etwas erwirtschafteten. Er war nur interessiert an Eroberung und der Finanzierung seiner Gesellschaft aus Kriegsbeute und richtete die islamische Kultur auf dieses Ziel hin aus.

Wenn Wissenschaftler heute die Rückständigkeit und Armut in islamischen Ländern untersuchen, ist es in Mode, der Aggression und Ausbeutung des Westens die Schuld zu geben. Angesichts der nahezu universellen Natur dieser Probleme in islamischen Staaten sollten wir auch die Wirkung der islamischen Lehre auf den menschlichen Fortschritt in diesen Staaten untersuchen.

Der Vertrag von al Hudaybiya
Mohammed beschloss, eine Pilgerfahrt nach Mekka zu machen. Aber die Mekkaner wollten ihn nicht die Stadt betreten lassen, auch wenn er ohne kriegerische Absicht kam.

Aus der Sira:
I747 Die Mekkaner schickten einen Mann vor, um mit Mohammed einen Vertrag zu machen. Umar war wütend, dass Mohammed einen Vertrag mit Nicht-Muslimen schließen wollte, weil das erniedrigend für den Islam sei. Mohammed sagte ihm, Allah würde sie nicht verlieren lassen, sie würden über die Quraisch gewinnen, er möge Geduld haben.

So setzten sie einen Vertrag auf, mit dem Inhalt, dass zehn Jahre lang kein Krieg stattfinden sollte, es sollte keine Feindseligkeiten geben und kein Kind sollte zum Islam konvertieren dürfen ohne die Erlaubnis der Erziehungsberechtigten. Im Gegenzug dürften die Muslime im nächsten Jahr nach Mekka kommen und für drei Tage bleiben, aber nicht in diesem Jahr.

Wenn Mohammed Frieden schloss, war es jedoch nie zum Zwecke des Friedens. Es war schlicht und einfach eine strategische Entscheidung zu warten, bis er auf seine Stärke zählen konnte. Geduld war eine seiner größten Stärken bei seiner Mission, die Welt zu erobern und bleibt der Eckpfeiler bis heute in der islamischen Strategie.

Verglichen mit der Ungeduld, wie Hitler sie hatte, als er England noch nicht erobert hatte und trotzdem Russland angriff, wo er fast sein ganzes Heer verlor, kann man gut den Unterschied sehen. Mohammed hätte keinen Zweifrontenkrieg angefangen und von Russland immer nur so viel abgebissen, wie er kauen konnte und wäre nicht weiter vorgerückt, bis er das Stück verdaut hätte.
Der temporäre Frieden („Hudna") mit den Mekkanern dient also nur dazu, um woanders freies Spiel zu haben.

21. Khaybar, die ersten Dhimmis

Zwei Monate nach dem Vertrag von Hudaybiya marschierten Mohammed und seine Armee etwa 140 Kilometer nach Khaybar (Chaibar), um eine Siedlung von Juden anzugreifen, die dort lebten. Zuvor hatte Mohammed keine Schwierigkeiten mit den Juden von Khaybar. Dieser Überfall war rein durch Habgier motiviert. - Die Juden von Khaybar waren wohlhabende Bauern. Sie lebten in einer Reihe von Festungen innerhalb ihrer Felder.

Aus der Sira:
I757 Wenn Mohammed ein Volk angriff, wartete er immer bis zum Morgen. Wenn er den Ruf zum Gebet hörte, was bedeutete, dass die Leute Muslime waren, griff er nicht an, aber wenn der muslimische Gebetsruf ausblieb, griff er an. Als er mit seiner Armee aufritt, kamen die Feldarbeiter heraus, um auf ihren Feldern zu arbeiten. Als sie Mohammed und seine Armee sahen, flohen sie. Mohammed sagte: "Allahu Akbar! Khaybar wird zerstört. Wenn wir an einem öffentlichen Platz ankommen, ist es ein schlechter Morgen für die, die gewarnt worden sind. "

Mohammed war nun einer der mächtigsten Männer in Arabien, dank des Dschihad. Anders als in den frühen Tagen, konnte er jetzt tun und lassen, was er wollte. Er war dabei, jeden Widerstand zu vernichten, und zeigte keinerlei Gnade denen, die sich ihm in den Weg stellten.

I758 Mohammed ging die Festungen eine nach der anderen an. Unter den Gefangenen war eine schöne Jüdin namens Safiya. Mohammed nahm sie für sein sexuelles Vergnügen. Einer seiner Männer hatte sie zwar zuerst als Lustsklavin gewählt, aber Mohammed gab ihm im Austausch für Safiyah zwei ihrer Cousinen.

Mohammed hatte immer das Vorrecht bei der Wahl der Kriegsbeute und der Frauen.

I759 Anlässlich der Eroberung von Khaybar stellte Mohammed neue Regeln auf für den erzwungenen Sex mit gefangenen Frauen. Wenn die Frau schwanger war, durfte sie nicht für Sex benutzt werden, bis das Kind geboren war. Ebenso wenig durften Frauen für Sex benutzt werden, die unrein waren im Hinblick auf die muslimischen Gesetze über die Menstruation.

I764 Mohammed wusste, dass ein großer Schatz irgendwo in Khaybar verborgen war. Daher brachte er den Juden vor, von dem er dachte, er wüsste am meisten darüber und befragte ihn. Dieser Jude war Kinana, der Ehemann von Safiyah, Mohammeds neuer Braut. Kinana bestritt jede Kenntnis. Aber ein anderer Jude sagte, er habe ihn bei den alten Ruinen gesehen. Die Suche wurde ausgeführt und ein großer Teil des Schatzes wurde sichergestellt, aber nicht alles. Mohammed forderte einen seiner Männer auf: "Foltere den Juden, bis du herausbekommst, was er hat." So wurde der Jude auf den Boden angepflockt und ein kleines Feuer vor seiner Brust gemacht, um ihn zum Reden zu bringen. Der Mann war fast tot, aber wollte nicht sprechen. Daher ließ Mohammed ihn losbinden und zu einem seiner Männer bringen, dessen Bruder im Kampf getötet worden war, und dieser Muslim bekam das Vergnügen, dem gequälten Juden den Kopf abzuschneiden. [..]

I766 Auf dem Rückweg ließ Mohammed eine der muslimischen Frauen Safiyah, die Jüdin, die er für sein Vergnügen ausgesucht hatte, für die Hochzeitsnacht vorbereiten. In dieser Nacht marschierte einer seiner Männer die ganze Nacht mit seinem Schwert rund um sein Zelt. Am nächsten Morgen fragte Mohammed, was er getan habe, und der Mann antwortete: "Ich hatte Angst um dich wegen der Frau. Du hast ihren Vater, ihren Mann und ihre Sippe umgebracht, daher war ich in Sorge um dich wegen ihrer möglichen Rache". Mohammed segnete ihn.

Aus der Sira:
I764 Die Juden von Khaybar waren die ersten Dhimmis von Mohammed. Nachdem das Beste von den Waren den Juden weggenommen war, ließ Mohammed sie leben, um das Land zu bearbeiten. Seine Männer wussten nichts über Landwirtschaft und die Juden waren erfahren darin. So bearbeiteten die Juden das Land und gaben Mohammed die Hälfte ihrer Erträge.

Anmerkung des Autors:
Das war eine neue Taktik. Sie sollte ein wichtiger Teil der allgemeinen Strategie des Islam werden. Bis jetzt gab man Ungläubigen zwei Möglichkeiten: zum Islam zu konvertieren oder getötet zu werden. Jetzt wurde eine dritte Option eingeführt: Die Stellung als „Dhimmi", das Lebenlassen gegen Abgaben.
„Dhimmis" sind Nicht-Muslime, die in einem Land leben, das vom Islam regiert wird. Sie werden gezwungen, eine Kopfsteuer (Jizya, Dschizia) an die Muslime zu zahlen, die bis zu 50% ihres Einkommens ausmachen kann. Außerdem sollen sie sich dabei auch gedemütigt fühlen. Sie haben weniger Rechte und dürfen ihre Religion im Privaten ausüben, aber sie dürfen Kirchen oder Synagogen nicht reparieren oder ersetzen. Der Zustand als Dhimmi soll nur Juden und Christen ermöglicht werden.

Der Koran sagt über Dhimmis:
9:29 Kämpfet wider diejenigen aus dem Volk der Schrift [Juden und Christen], die nicht an Allah und an den Jüngsten Tag glauben und die nicht als unerlaubt erachten, was Allah und Sein Gesandter als unerlaubt erklärt haben, und die nicht dem wahren Bekenntnis folgen, bis sie aus freien Stücken den Tribut entrichten und ihre Unterwerfung anerkennen.
Die Juden sagen, Esra sei Allahs Sohn, und die Christen sagen, der Messias sei Allahs Sohn. Das ist das Wort ihres Mundes. Sie ahmen die Rede derer nach, die vordem ungläubig waren. Allahs Fluch über sie! Wie sind sie irregeleitet!

Weil sich der Islam so stark in Richtung Eroberung ausrichtete, mangelte es seiner Gesellschaft an Produktionskapazität. Dadurch, dass man Christen und Juden erlaubte, in Halb-Sklaverei zu leben, hatte der Islam eine Einnahmequelle, die in Friedenszeiten sprudelte. Die Einrichtung der „Dhimma“ wurde unter den späteren Kalifen weiterentwickelt und ist ein wichtiger Bestandteil des Systems des Dschihad. („Dhimma“ bezeichnet den Dhimmi-Zustand, engl. Dhimmitude. Das Wort „Dhimmitum” ist eine neue deutsche Wortschöpfung des Übersetzers.)

Uns wird oft gesagt, Juden und Christen dürften in Frieden und Harmonie in muslimischen Ländern leben. Wer die belastenden Bedingungen des Dhimmi-Daseins nicht versteht, könnte es für eine dem Islam innewohnende Toleranz halten, die so jedoch nicht existiert. Die östlichen Religionen hatten zum Beispiel die Wahl zum Dhimmitum nicht. Die Eroberten hatten nur die Wahl konvertieren oder Tod. An den Untergang der indischen Kultur Afghanistans erinnerten bis vor wenigen Jahren noch die Buddha-Statuen von Bamian.

Noch eine Anmerkung des Autors:

„Allahu Akbar”, was hier in Kaybar gerufen wird, wird normalerweise als “Allah ist groß” übersetzt, aber eigentlich bedeutet es: “Allah ist größer”, also “größer als alle anderen Götter”.

Der Ruf ist heute in Zusammenhang mit Terroranschlägen und dem Islamischen Staat bekannt. Der “Allahu Akbar”-Ruf ist keine Erfindung moderner Dschihadisten: Es ist der Schlachtruf der allerersten Dschihadisten und des Propheten Mohammed.

Auch die Flugzeug-Entführer vom 11. September 2001 hört man in den Aufzeichnungen “Allahu Akbar” schreien. Nach dem Attentat erklärte George Bush: „Das hat nichts mit dem Islam zu tun.”

Auch alle anderen führenden Politiker der Welt antworten bis heute auf jeden „Allahu-Akbar”-Anschlag: „Das hat nichts mit dem Islam zu tun.” Um den tieferen Grund für diese Art Reaktion zu verstehen, ist es nötig, mehr über das Dhimmitum zu wissen.

22. Exkurs: Dhimmitum als Geisteshaltung

Die Institution des Dhimmitums ist eine Entwicklung, die dem Islam eigen ist. Sie erschafft eine spezielle Klasse von Bürgern. Diese Menschen durften in einem unterwürfigen Status leben, als Eroberte im eigenen Land unter islamischer Herrschaft. Diese Situation gab es überall in der islamischen Welt, bis sie vom Westen erobert wurde. Dhimmitum ist nicht nur eine Institution, sondern leider auch die unterwürfige Geisteshaltung, die die Opfer von Mobbing und Einschüchterungen überall einnehmen. Wer diese Denkweise auf das Opfer überträgt, kann die volle Kontrolle mit einem Minimum an Aufwand gewinnen.

Viele von uns kennen die Tragödie von Frauen, die von ihren Ehemännern körperlich und psychisch über Jahre hinweg misshandelt wurden. Oft verteidigen sie die Taten ihrer Peiniger, indem sie sich selbst für den Missbrauch beschuldigen („Wenn ich ihm das Essen nicht zu spät serviert hätte, hätte er mich nicht geschlagen"). Wie ist das möglich?

Tyrannen verstehen diese Methode der Unterdrückung instinktiv. Das ist der Grund, warum es so schwer für die unterworfenen Menschen ist, sie zu stürzen. Indem er diese Methode in seine Lehre einbaute, stellte Mohammed sicher, dass keine Revolte von Dhimmis jemals möglich sein würde. In der Tat hat sich kein Volk, das durch den Islam erobert wurde, jemals selbst ohne Hilfe von außen befreit. Lassen Sie mich das wiederholen: In der ganzen Geschichte hat sich keine Gesellschaft, die je durch den Islam erobert wurde, selbst ohne Hilfe von außen jemals befreit.

Über die islamische Einrichtung des Dhimmitums[8]:

Der Dhimmi-Zustand ist ein Zustand der Angst und Unsicherheit auf Seiten der Ungläubigen, die einen Zustand der Demütigung ertragen müssen. Er ist durch die Parteinahme des Opfers für seinen Unterdrücker gekennzeichnet, indem sich das Opfer für das hasserfüllte Verhalten seines Unterdrückers moralisch rechtfertigt. Der Dhimmi verliert die Möglichkeit der Revolte, weil eine

Revolte aus einem Gefühl der Ungerechtigkeit entstünde. Er verabscheut sich selbst, um seine Unterdrücker zu loben. Dhimmis lebten unter rund 20 Arten von Einschränkungen. Dhimmis durften nicht neue Orte der Anbetung bauen, Kirchenglocken läuten, Prozessionen machen, zu Pferd oder zu Kamel reiten (nur auf Eseln), eine muslimische Frau heiraten, verzierte Kleidung tragen, einen Muslim als Sklaven besitzen oder gegen einen Muslim in einem Gericht aussagen.

Mit dem Ende des Osmanischen Reiches nach dem ersten Weltkrieg war das Dhimmitum juristisch formell abgeschafft. Leider existiert es als Geisteshaltung fort, wenn sich Leute geistig-emotional der islamischen Überlegenheit unterwerfen, was zunehmend passiert.

Ein Beispiel ist der Papst und seine berühmte Regensburger Rede von 2006. Darin zitierte er den byzantinischen Kaiser Manuel II: „Zeig mir doch, was Mohammed Neues gebracht hat und da wirst du nur Schlechtes und Inhumanes finden wie dies, dass er vorgeschrieben hat, den Glauben, den er predigte, durch das Schwert zu verbreiten." Der Papst unterstütze diese Auffassung nicht direkt, er verwendete sie nur als ein Beispiel in einer abstrakten theologischen Diskussion. Muslime auf der ganzen Welt begannen sofort zu protestieren. In England wurden Kirchgänger von muslimischen Demonstranten belästigt, woanders geschah Schlimmeres. Angriffe von Muslimen gegen Christen eskalierten. In Somalia wurde einer Nonne, die humanitäre Hilfe (für Muslime) leistete, in den Rücken geschossen.

Und was war die Reaktion des Papstes? Wir erwarten natürlich nicht, dass er undiplomatisch wäre und erklärte: "Ich habe ja gesagt, dass der Islam gewalttätig ist." Er hätte jedoch auch schweigen können, weil sich der Papst traditionell nie entschuldigt.

Stattdessen entschied er sich, als Dhimmi zu handeln und entschuldigte sich bei den islamischen Gläubigen. Durch seine Entschuldigung sandte er eine Botschaft an die Welt, dass seine Aussagen die Gewalt hervorgerufen hätten und nicht die wütenden

Muslime, die sie ausgeführt hatten. Nach der Entschuldigung des Papstes hörten die Muslime mit den Ausschreitungen auf. Der Islam hatte sein Ziel erreicht: Der Papst hatte anerkannt, dass er den Islam beleidigt hatte und Gewalt gegen Christen ausgelöst hatte, und er würde das nicht wieder tun.

So funktioniert der geistige Dschihad, langsam, Schritt für Schritt: Regierende, Meinungsmacher, Wissenschaftler, Journalisten, Organisationen und schließlich die allgemeine Bevölkerung wird eingeschüchtert in Richtung Unterwerfung (zur Erinnerung: Islam ist Arabisch und heißt „Unterwerfung") und gezwungen, die Verantwortung für vorsätzliche islamische Angriffe gegen sie auf sich zu nehmen.

Schon bald erhalten die Menschen die Botschaft und jeder Angriff wird mit der erwarteten Antwort begrüßt: "Was haben wir getan, dass dies passiert, es muss unser Fehler sein..." Nie, niemals übernimmt der Islam die Verantwortung, denn es ist eine friedliche Religion mit nur ein paar (Millionen?!) Extremisten, die ihn missverstanden haben.

Stellen Sie sich vor, Sie wären ein Militärkommandant, der versucht, Kontrolle über ein Volk zu erlangen. Jedes Mal, wenn Sie Ihr beabsichtigtes Opfer angreifen, geben die Opfer sich selbst Schuld für Ihren Angriff. Sie diskutieren untereinander, wer von ihnen Schuld hat, und anstatt Sie anzugreifen, greifen sie ihre Regierung an, oder die Regierung die Opposition, oder wen auch immer. Wie können Sie überhaupt verlieren? Machen Sie einfach weiter mit einer unerbittlichen Reihe von Angriffen und beschuldigen Sie jedes Mal das Opfer, bis es schließlich kapituliert.

Verstehen Sie nun die gewaltige Kraft des Dschihad? Sie können ihn nicht mit Kernwaffen, intelligenten Bomben oder Tarnkappenbombern besiegen. Es spielt keine Rolle, wie viele lasergelenkte Flugkörper oder unbemannte Drohnen Sie haben, oder wie gut ausgebildet Ihre Armee ist. Wenn Sie zu viel Angst haben, zu benennen, wer Ihr Feind ist, dann können Sie ihre Waffen gleich allesamt auf den Schrotthaufen werfen. Sie können Dschihad nicht mit Waffengewalt schlagen, dafür ist er zu mächtig. Es ist nicht einmal der Mühe wert, darüber nachzudenken. Militär wird Sie nicht vor dem Dschihad retten.

Das einzige, was uns vor dem Dschihad rettet, ist die Wahrheit, das Aussprechen der Wahrheit:

Es gibt keine Wahrheit ohne den Mut dazu.

Dhimmitum heute:
Wie wichtig der psychologische Aspekt des Dhimmitums ist kann nicht genug betont werden. Die Idee, dass das Dhimmitum unsere Gesellschaft heute beeinflusst, mag schwierig einzusehen sein. Daher gebe ich ein paar Beispiele aus der heutigen Zeit.

Seit den sechziger Jahren hat die Frauenbewegung laut gekämpft für die Rechte von Frauen. Sie haben große und erfolgreiche Kampagnen für gleiche Rechte am Arbeitsplatz gemacht. Sie haben sich sogar für das Recht auf Arbeitsplätze als Soldatin eingesetzt. Warum dann aber ignorieren sie frauenfeindliche Themen wie Genitalverstümmelung, Ehrenmorde, Steinigungen, Zwangsheirat etc.? Warum aber hält die Frauenbewegung diszipliniert still, wenn es um islamische Gewalt gegen Frauen geht? Die Folgerung ist: Die Feministinnen sind im Wesentlichen Dhimmis geworden.

Das Vereinigte Königreich ist augenscheinlich ein christliches Land, dennoch wird es heute immer weniger akzeptiert, Weihnachten in der Öffentlichkeit zu feiern. Stadträte weigern sich teilweise, Christbäume aufzustellen und Geschäfte verkaufen Grußkarten mit „Wintergrüßen". Sogar das Rote Kreuz (gegründet von einem gläubigen Christen) zeigt heutzutage keine Krippenszenen mehr im Schaufenster. Könnte das Fest von „Friede auf Erden und den Menschen ein Wohlgefallen" Leute einer anderen Religion beleidigen?

Die BBC verweigert die Verwendung der Ausdrücke „v. Chr." und „n. Chr." bei Jahresangaben und verwendet lieber „vor unserer Zeitrechnung". Dennoch verkünden sie fröhlich die Zeiten und

Daten der islamischen Feiertage. In Deutschland zeigte Bayern 3 in vorauseilendem Gehorsam zum Ramadan die Mondsichel.

Auch die "Je suis Charlie"-Bekenner fragten sich nach nur wenigen Tagen, ob man nicht vielleicht besser Rücksicht nehmen solle auf die Gefühle der Moslems? War die Beleidigung durch Karikaturen nicht provozierend und „islamophob“? Sei die Presse nicht auch mit schuld? - Also unterwerfen sie sich wie Dhimmis genau der islamischen Regelung gegen freie Presse. „Je suis Charlie" war wohl doch nur Lippenbekenntnis für die Pressefreiheit...

Dieselben Trends der schleichenden Dhimmisierung gibt es überall im Westen. Aber woher kommt das? Ist Political Correctness nur ein spontaner Zufall oder wird er vom Islam getrieben und wenn ja, wie? Ist das ein Anzeichen einer heimlichen Übernahme der Gesellschaft durch den Islam?

Es gibt durchaus einige Wege, wie der Islam unsere Institutionen beeinflussen könnte (und wohl auch tut), um den Boden für eine schrittweise Islamisierung zu bereiten. Der Autor bringt konkrete Beispiele aus Großbritannien über den Einfluss auf die Regierung, wie Waffenhandel mit Saudi-Arabien und wachsender Anteil der islamischen Wählerschicht. In Deutschland ist das nicht anders. Die Golfstaaten kaufen sich massiv in die deutsche Wirtschaft ein[9]. In den zwei Jahren seit Erstausgabe des Buches ist viel an Islamisierung passiert, wahlweise auch „angebliche Islamisierung", wie Regierung, Kirchen und die Presse[10] sie nennen.

Währenddessen in Arabien...

Mohammeds Verhalten begann die gewünschte Wirkung auf andere benachbarte Stämme zu haben:

Aus der Sira:

I777 Die Juden von Fadak gerieten in Panik, als sie sahen, was Mohammed mit Khaybar gemacht hatte. Sie würden die nächsten sein, also ergaben sie sich Mohammed kampflos. Weil es keinen Kampf gab, bekam Mohammed 100% ihrer Güter, und sie bearbeiteten das Land und gaben Mohammed jedes Jahr die Hälfte. Sie wurden Dhimmis wie die von Kaybar.

Anmerkung des Autors:
Der Islam arbeitet durch Einschüchterung. Er gewinnt Macht über Leute, indem er ihnen Angst macht. Sobald er durch Furcht dominiert, stellt er Forderungen. Diese führen dazu, dass eine Gesellschaft die Fähigkeit zur Selbstverteidigung verliert, im Austausch für die Erlaubnis, in Frieden leben zu dürfen.

Diese Forderungen werden üblicherweise Stück für Stück gestellt – vor allem am Anfang – und werden so plausibel wie möglich verpackt. Ein aktuelles Beispiel sind islamische Forderungen, dass Moslems nicht an Flughäfen von Hunden durchsucht werden sollten (Hunde gelten als unrein), obwohl von islamischen Gruppen eine Bedrohung des Luftverkehrs ausgeht. Wenn man diesem Wunsch nachgäbe, wäre man noch verwundbarer durch Terroranschläge mit Flugzeugen.

Das lässt einen dann eher der nächsten Forderung zustimmen, wie etwa die Meinungsfreiheit in Bezug auf Kritik oder Karikaturen einzuschränken, was die Abwehr der Gesellschaft weiter schwächt.

So wie dieser Zyklus weitergeht, werden die Kuffar immer schwächer und der Islam stärker und stärker. Das Fernziel, laut einer Anzahl fundamentalischer Gruppen, ist die Einrichtung des Gesetzes der Scharia, das die Kuffar als Bürger zweiter Klasse festlegt, als „Dhimmis".

23. Der Schatz des Krieges

I770 Ein Mann aus Mekka namens Al Haggag wurde Moslem und nahm an der Eroberung von Khaybar teil. Nach der Eroberung bat er Mohammed um Erlaubnis, nach Mekka zu gehen und seine Angelegenheiten dort abschließend zu regeln und seine Schulden einzusammeln. Dann fragte er Mohammed, ob er Lügen erzählen dürfte, um sein Geld zu bekommen. Der Prophet Allahs sagte: "Erzähl sie ihnen." Also brach er nach Mekka auf. Als er dort ankam, fragten ihn die Mekkaner nach Neuigkeiten aus Khaybar. Sie wussten nicht, dass der Mann übergetreten war und daher vertrauten sie ihm. Er sagte ihnen, die Muslime hätten verloren und Mohammed wäre gefangen genommen worden. Er sagte, die Juden von Khaybar wollten Mohammed nach Mekka bringen, so dass man ihn töten könnte.

I771 Die Mekkaner waren begeistert. Dann bat er sie, ihm zu helfen seine Schulden einzusammeln, damit er nach Khaybar zurückkehren und von der dortigen Verwirrung profitieren könne. In guter Stimmung halfen sie ihm, die Schulden einzutreiben. Drei Tage nachdem er abgereist war, fanden sie die Wahrheit über Khaybar heraus und die Tatsache, dass er jetzt Mohammedaner war.

I774 Insgesamt waren es achtzehnhundert Leute, unter denen der Reichtum aufgeteilt wurde, der von den Juden von Khaybar genommen wurde. Ein Kavallerist bekam drei Anteile, ein Fußsoldat erhielt einen Anteil. Mohammed bestimmte achtzehn Anführer zur Aufteilung der Beute. Er selbst bekam sein Fünftel als Voraus.

Anmerkung des Autors:
Wieder einmal sehen wir das Beispiel von Mohammed, das seinen Anhängern erlaubt, Ungläubige zu täuschen, um sie zu übervorteilen. Das war eine seiner Lieblingstaktiken und sie wird immer wieder in seinen Biographien beschrieben. Bis heute ist Täuschung eine zentrale Säule des Dschihad.

Mohammed war nicht an opulentem Lebensstil interessiert. Sogar seine Frauen klagten über die schlechten Lebensbedingungen, obwohl er so wohlhabend war. Seine Hauptmotivation scheint das Verlangen gewesen zu sein, von allen angebetet zu werden. Das meiste seines Wohlstandes gab er für Waffen und Vorräte für den Dschihad aus, oder in Zahlungen, um Streitigkeiten unter seinen Anhängern zu begleichen, also Blutgeld. Im späteren Teil seines Lebens war seine alles verzehrende Leidenschaft die Eroberung der Kuffar, der Ungläubigen. Das ist ein wichtiger Bestandteil der Religion, die er schuf. Mehr als die Hälfte des Korans handelt von den Ungläubigen und dem Umgang mit ihnen.

Im vorigen Kapitel haben wir den Einfluss des Islam auf die westliche Gesellschaftsentwicklung betrachtet. Jetzt wollen wir schauen, wie er andere Institutionen beeinflusst.

Islamischer Einfluss auf Universitäten

Die meisten Universitäten werden vom Staat betrieben. Der Islam hat deshalb Möglichkeiten, sie zu einem gewissen Grad durch Regierungsentscheidungen zu beeinflussen. Wohlhabende Muslime spenden riesige Summen an Universitäten in der ganzen westlichen Welt. Damit können sie Entscheidungen und Richtungen beeinflussen. Weil eher die Elite die Universität durchläuft, ist die Information, die dort vermittelt wird, von großer Bedeutung für die Zukunft unserer Gesellschaft.

Al-Waleed Bin Talal bin Abdulaziz al Saud, ein Mitglied der saudischen Königsfamilie, spendet den Universitäten Edinburgh und Cambridge Millionenbeträge, um dort Institute zum Studium des Islam zu gründen, die seinen Namen tragen. Auch in Harvard hat er 20 Millionen Dollar „investiert".

Muslime sind verpflichtet, einen gewissen Prozentsatz ihres Einkommens für wohltätige Zwecke auszugeben. Geld für Ungläubige zählt dabei nicht. Sechs von zehn Muslimen weltweit sind Analphabeten, hier könnten reiche Muslime spenden. Warum aber pumpen sie so riesige Summen in die Universitäten der Ungläubigen? Es ist schwer vorstellbar, dass solche Großzügigkeit nicht an Bedingungen geknüpft ist. Vielleicht sind Universitäten deshalb so zurückhaltend, den Islam zu kritisieren? Stattdessen produzieren sie Arbeiten, die durchweg islamfreundlich sind. Sie bieten ausreichend bereinigte und retuschierte Versionen der islamischen Geschichte und produzieren Ergebnisse, die wenig Ähnlichkeit mit der Wahrheit haben[11].

Der direkte Zusammenhang von islamischer Finanzierung von Universitäten zu akademischen Selbstvorwürfen ist schwer nachzuweisen. Der Umstand fügt sich jedoch gut in das große Puzzle ein.

Wahrscheinlich wird darum in Studiengängen für Islamische Kultur oder Nahost-Studien nie die islamische Lehre oder der Dschihad gelehrt oder erforscht, trotz des unbestritten großen Einflusses, den der Islam im Nahen Osten hat? In der Tat kommt die islamische Lehre in keinem westlichen Hochschullehrplan vor!

Dieser Einfluss dürfte auch Sozialwissenschaften oder Geschichte betreffen. Warum lernen wir nichts über die „Barbarei" (auch als Barbaresken bezeichnet), die nordafrikanisch-muslimische Piraterie? Über Jahrhunderte überfielen sie Seefahrt und Küstendörfer in ganz Europa, bis hinauf zu den britischen Inseln, wobei sie mehr als 1 Million Europäer entführten, um sie als Sklaven in Nordafrika und im Nahen Osten zu verkaufen[12]. Große Teile der europäischen Küste mussten aus Angst vor diesen afrikanischen Sklavenhändlern verlassen werden, bis ihnen schließlich im Jahre 1830 das Handwerk gelegt wurde, als die Franzosen in Algerien einmarschierten.

Als Schulstoff bekannter sind aber die afrikanischen Sklaven, die nach Amerika verbracht wurden, und zwar von Europäern. Zum Vergleich der Zahlen: Es gibt detaillierte Frachtlisten.[13] Danach wurden insgesamt 388000 afrikanische Sklaven in die USA verschifft, bis 1798 der Sklavenhandelt freiwillig eingestellt wurde. (Anm. d. Ü.: Allerdings ging ein Mehrfaches nach Lateinamerika.)

Aber: Wie viele Menschen wissen heutzutage von den ständigen, jahrhundertelangen Angriffen der osmanischen Türken gegen Osteuropa? Sie nahmen so viele osteuropäische Sklaven, dass das

Wort “Sklave” vom Wort “Slawe” abgeleitet ist. Im Englischen ist das noch deutlicher: „slave” von „slavic”, den slawischen Völkern Südost-Europas. Was ist mit der frühen Sklaverei in Ostafrika?

Und warum hören wir nichts über 1400 Jahre islamischen Sklavenhandel in Afrika[14], sondern nur von den 200 Jahren des europäischen Sklavenhandels?

Natürlich soll man sich mit den Themen beschäftigen, bei denen der Westen historisches Unrecht begangen hat. Gerade das ist ja die große Stärke der westlichen Gesellschaft, dass wir Fehler zugeben und daraus lernen können. Aber die Sichtweise, dass wir Europäer die einzigen Übeltäter der Weltgeschichte wären, dass alle aktuellen Probleme an früheren Übeln der westlichen Nationen lägen, das riecht verdächtig nach der Haltung eines Dhimmi.

24. Tod einer Dichterin

I996 Es gab eine Dichterin, die ein Gedicht gegen den Islam geschrieben hatte. Mohammed sagte: "Wer wird mir Marwans Tochter vom Hals schaffen?" Einer seiner Anhänger hörte ihn und noch am selben Abend ging er zum Hause der Frau, sie zu töten.
M239 Der Attentäter, ein blinder Mann, war in der Lage, die Arbeit in der Dunkelheit zu verrichten, während die Frau schlief. Ihr Baby lag auf ihrer Brust, ihre anderen Kinder schliefen im Zimmer. Der Attentäter schlich sich an, entfernte das Kind von der Brust und hieb das Messer mit solcher Kraft in sie hinein, dass er sie auf dem Bett festnagelte.
I996 Am Morgen ging er zu Mohammed und berichtete ihm. Mohammed sagte: "Du hast Allah und seinem Gesandten geholfen." Auf die Frage nach den Folgen sagte Mohammed: "Zwei Ziegen werden sich darüber nicht die Köpfe zusammenstoßen."
I996 Die Mutter hatte fünf Söhne und der Mörder ging zu den Söhnen und sagte: "Ich habe Bint Marwan [Die Tochter von Marwan] getötet, o Söhne. Widersteht mir, wenn ihr könnt; lasst mich nicht warten." - "Der Islam wurde an diesem Tag mächtig und viele wurden Muslime, als sie die Macht des Islam sahen.
M239 Mohammed wandte sich an die Menschen in der Moschee und sagte: "Wenn ihr einen Mann sehen wollt, der Allah und seinen Propheten unterstützt hat, schaut her!" - Omar rief: "Was, der blinde Omeir!" - "Nein", sagte Mohammed, "nennt ihn Omeir den Sehenden."

Anmerkung des Autors:
Aṣmā bint Marwān, Marwans Tochter war wütend, dass man einige Häuptlinge ihres Stammes ermordet hatte. Diese Morde hatten Muslime mit Zustimmung von Mohammed begangen. Ihr Stamm war nicht bereit, gegen Mohammed zwecks Vergeltung zu kämpfen. Daher verfasste sie ein Gedicht, worin sie ihn kritisierte. Ein Gedicht war in der damaligen Wüstenwelt, wo es praktisch nichts Schriftliches gab, so etwas wie heute ein Zeitungsartikel,

der von Mund zu Mund erzählt wurde und so die Nachricht öffentlich verbreitete. Daher bekam auch Mohammed bald davon zu hören.

Diese Frau war keine wirkliche Bedrohung für Mohammed. Ihr Stamm hatte bereits unmissverständlich klargestellt, dass er die Muslime nicht angreifen würde, aber das war ihm nicht genug. Wie Unterdrücker und Tyrannen überall auf der Welt, wusste auch Mohammed, dass der Schlüssel zur völligen Kontrolle einer Gruppe die Zerstörung der freien Rede ist.

Wenn Leute Angst haben, einen Unterdrücker zu kritisieren, ändert sich die ganze Gruppendynamik. Schweigen wird zu einer Form der taktischen Zustimmung, denn niemand weiß, wer Anhänger und wer Gegner ist. Widerstand ist dann fast unmöglich, wenn die Bürger sich selbst von anderen mit ähnlicher Überzeugung isoliert vorfinden und Einzelpersonen, die reden, leicht ergriffen werden können. Je mehr sich dieser Vorgang manifestiert, desto mehr entsteht Angst und der Griff des Tyrannen wird fester. Dieser Vorgang wird als "Machtkonsolidierung" bezeichnet.

Das genaue Gegenteil zu dieser Situation ist eine Gesellschaft, in der die freie Meinungsäußerung geschützt ist, denn:

Tyrannei und freie Rede schließen einander aus.

Um freie Meinungsäußerung zu schützen, reicht es nicht, nur die meisten Äußerungen zu schützen, man muss jegliche Art von Äußerungen schützen. Sobald die herrschende Klasse einmal die Möglichkeit hat, unliebsame Meinungen zu unterdrücken, wird sie die Opposition gegen sich ständig beschneiden. Falls das gelingt, ist die Freiheit für immer verloren.

Natürlich gibt es klar abgegrenzte Ausnahmen vom Grundsatz der freien Rede. „Feuer" schreien, wenn es nicht brennt, Aufrufe zu Gewalt, persönliche Beleidigung und Rufmord durch Lügen sind Beispiele von Rede, die nicht geschützt ist. Hingegen sollten in einer freien Gesellschaft auch Äußerungen geschützt sein, die andere aufregen oder beschämen, oder die andere Meinungen herabsetzen, sogar auch noch Verunglimpfung und Spott. Das Recht dazu ist eben genau die Definition einer Gesellschaft als „frei".

Meinungsfreiheit bedeutet nicht, den Leuten sagen zu dürfen, was sie sowieso hören wollen. Meinungsfreiheit ist das Recht, den Menschen auch sagen zu dürfen, was sie *nicht* hören wollen. Niemand in der DDR wanderte ins Gefängnis für Lob an der Partei, sondern für unerwünschte Kritik. Genau das ist der Punkt: Meinungsfreiheit ist nicht das Recht, die „meisten" Dinge sagen zu dürfen, es ist das Recht, absolut alles ohne Angst vor Vergeltung sagen zu dürfen (mit obigen Ausnahmen).

Das Problem von Meinungsfreiheit und freier Rede ist, dass irgendwer unvermeidlich auch Dinge sagen wird, die man selbst nicht mag. Das bringt die Meinungsfreiheit leider mit sich. Das ist die Kröte, die man schlucken muss, wenn man Meinungsfreiheit will. Voltaire erkannte genau das, als er erklärte: "Ich mag nicht einverstanden sein mit dem, was Sie sagen, aber ich werde bis zum Tod für Ihr Recht kämpfen, es sagen zu dürfen."

Man kann sogar wirklich böse Aussagen leider nicht unterbinden, ohne die Meinungsfreiheit zu zerstören. Man muss einsehen: Statt Verboten hat man seinerseits das Recht, dagegen zu argumentieren. Wenn die Aussage tatsächlich schlecht ist, dann sollte das einfach sein.

Die Auffassung vom Islam als friedliche und anständige Religion war schon damals schwer mit begründeten Argumenten zu halten. Mohammed begriff, wie alle Tyrannen, dass diese Diskussion nur zu gewinnen war durch den Weg der Gewalt, Drohung und Einschüchterung.

Dies ist dann die finale Taktik des Dschihad:

Dschihad-Regel 8:
Erlaube niemals Kritik an Mohammed, Allah oder dem Islam und zerstöre die Meinungsfreiheit.

25. Exkurs: Meinungsfreiheit heute

Redefreiheit ist das fundamentale Prinzip jeder freien Gesellschaft. Es ist kein Zufall, dass die Nationen, die historisch die freie Rede geschützt haben, Nationen sind wie Großbritannien, USA, Kanada, Australien, Skandinavien und die meisten Länder in Westeuropa. Osteuropa hat sie wiedergewonnen. Heute noch beschränken Burma, Nordkorea, China und auch Russland die Redefreiheit. Auch alle islamischen Länder, darunter Iran, Irak, Saudi-Arabien, Pakistan usw.

Im Westen gibt es das Recht, die Meinung frei zu äußern schon länger als wir leben, und daher halten viele es für eine Selbstverständlichkeit und denken, dass das immer so bleiben wird. Aber Achtung, bitte die Ohren spitzen und aufpassen, denn es gibt einen beängstigenden Trend weg von der Redefreiheit. Die 57 Staaten der „Organization of Islamic Cooperation" (OIC) arbeiten seit Jahren daran, die UN-Mitgliedstaaten dazu zu bewegen, Kritik an Religionen zu verbieten und insbesondere Kritik am Islam. Seit kurzem scheinen diese Bemühungen nun Früchte zu tragen.

Vor 30 oder 40 Jahren war jedem klar, dass man nicht einfach die Polizei rufen konnte, nur weil jemand etwas sagt, was einem gegen den Strich geht. Im Gegenteil, es wurde als kindisch angesehen, übermäßig leicht beleidigt zu sein. In den letzten Jahren jedoch kratzen Multikulturalismus und Political Correctness stetig an der Meinungsfreiheit und dem Recht zu kritisieren. Heutzutage kann sich jeder schnell vor Gericht wiederfinden, wenn er sich gegen den Islam ausspricht und muss dort um seine Freiheit kämpfen oder kommt sogar ins Gefängnis.

Ein absurdes Beispiel stammt aus Dänemark, einem Land mit großer freiheitlicher Tradition: Hier war der Präsident der "Danish Free Press Society", Lars Hedegaard, gezwungen, sich wegen "Hassrede" gegen eine gerichtliche Verurteilung zu wehren.

Der dänische § 266 b sagt: "Wer öffentlich oder mit Absicht auf größere Verbreitung durch Aussage oder andere Mittel eine Gruppe von Personen bedroht, beleidigt oder aufgrund ihrer Rasse,

Hautfarbe, nationaler oder ethnischer Herkunft, der Religion oder der sexuellen Ausrichtung herabsetzt, wird mit Geldstrafe oder Haft bis zu zwei Jahren bestraft."

Danach ist es unwesentlich, ob es wahr ist, was man gesagt hat. Daher ist der Beweis der Richtigkeit der Aussage als Verteidigung unzulässig. Es zählt nur, dass man etwas öffentlich gesagt hat, wovon sich jemand „beleidigt fühlt", oder wovon der Staatsanwalt glaubt, dass jemand seine „Gefühle beleidigt" sehen könnte. Im vorliegenden Fall hatte Hedegaard im kleinen Kreis über die Behandlung von Frauen im Islam gesprochen. Seine Aussage gelangte offenbar ohne sein Zutun an die Öffentlichkeit. Die sachliche Richtigkeit von dem, was er gesagt hatte, stand außer Frage.

Am 13. April 2012 appellierte er an den höchsten dänischen Gerichtshof, das Urteil wegen „Hassreden" vom 3. Mai 2011 aufzuheben, zu dem er nach 2 Jahren Prozessen durch alle Instanzen verurteilt worden war.

Hier einige Auszüge aus seiner Verteidigungsrede (im Internet auf Englisch nachzulesen):

Wenn unsere westliche Freiheit überhaupt etwas bedeuten soll, müssen wir darauf bestehen, dass jeder erwachsene Mensch selbst verantwortlich ist für seinen Glauben, Meinung, Kultur und Handlungen.

Wir genießen politische Freiheit und wir genießen Religionsfreiheit. Daraus folgt ein weithin unbeschränktes Recht, seine politische Überzeugung und religiösen Glauben zu verbreiten.

Islamische Fürsprecher haben die Freiheit, ihr Konzept von Gesellschaft zu vertreten, welches die Einführung einer Theokratie mit gottgegebenen Gesetzen beinhaltet, d. h. die Scharia, die Abschaffung von menschengemachten Gesetzen und als Folge die Abschaffung der Meinungsfreiheit und der Demokratie. Sie sind frei, zu denken, dass Frauen Männern unterlegen sind, was ihre Rechte und das Streben nach Glück betrifft. Sie sind sogar berechtigt, solche Meinungen zu verbreiten. [...]

Im Gegenzug müssen diese Theokraten und Scharia-Fürsprecher das Recht derer, die an Demokratie, Organisationsfreiheit und Gleichheit der Menschen glauben, akzeptieren, den Islam zu kritisieren und sich seiner Verbreitung und den atavistischen Normen entgegenzustellen, die einige Muslime praktizieren.

Es ist dieses Recht – ich würde sogar sagen die Pflicht – eine totalitäre Ideologie zu kritisieren und zu verhindern, was ich nach bestem Wissen versucht habe. Meine Reden und Schriften hatten kein anderes Ziel, als meine Mitbürger vor der Gefahr zu warnen, die dem islamischen Konzept von Staat und Gesetz innewohnen.

Ich habe nie ein Geheimnis daraus gemacht, dass ich diesen Kampf für unsere Freiheiten für den wichtigsten politischen Kampf unserer Zeit halte. Ich könnte nicht leben mit einem Gewissen, wenn ich mich aus Angst vor öffentlicher Verurteilung oder Spott davon abhalten ließe, die Wahrheit zu sagen, wie ich sie sehe. Unabhängig vom Ausgang dieses Prozesses habe ich vor, meinen Kampf für freie Rede und gegen jede Art totalitärer Konzepte fortzusetzen.

Den Prozess hat er übrigens verloren[15].

In den super-toleranten Niederlanden gab es einen vergleichbaren Fall. Geert Wilders von der PVV (Partij voor de vrijheid) war angeklagt, den Islam beleidigt zu haben. Der Fall ging in höhere Instanzen, kurioserweise gegen den Willen der Staatanwaltschaft. Er ist in allen Punkten freigesprochen worden, gerade weil das niederländische Gericht den Beweis der sachlichen Richtigkeit zuließ und der Argumentation folgte, dass das Aussprechen von wahren Tatsachen nicht strafbar sein kann.

Aus England wurde Geert Wilders übrigens ausgewiesen, bevor er dort eine Rede halten konnte, weil er ein "Risiko für die öffentliche Harmonie" sei. Man kann über ihn und seine politischen Ansichten denken wie man will. Es geht hier nur um die freie Meinungsäußerung eben dieser „abweichenden" Meinungen. Diese beiden werden in den Medien immer als „Hassprediger" bezeichnet, oder als gefährliche Rechtsextremisten oder Nazis. Dennoch fordern beide auch für Muslime den Schutz der freien Rede, obwohl beide wegen islamistischer Todesdrohungen unter Personenschutz stehen.

In Österreich sieht es düster aus für die Hausfrau und Anti-Dschihad-Aktivistin Elisabeth Sabaditsch-Wolff, die ein privates Seminar abhielt, worin sie Leuten den Islam erklärte. Eine linke Gruppe platzierte einen Beobachter unter den Zuhörern und sendete die Aufnahme an die Staatsanwaltschaft. Das Gericht urteilte[16], Sabaditsch-Wolff habe eine Straftat begangen, indem sie in ihren Seminaren Mohammed als pädophil bezeichnet habe. Sie wurde für ihre Aussage verurteilt "Mohammed hatte ein Faible für kleine Mädchen". Wegen ihres geringen Einkommens machten die 60 Tagessätze zwar nur 480 Euro aus, hinzu kamen allerdings hohe Prozesskosten.

In Australien wurden zwei Pfarrer, Daniel Scott und Danny Naliawere, verurteilt, wegen Beleidigung des Islam. Erstaunlicherweise bestätigte der oberste Gerichtshof von Victoria das Urteil, obwohl er zugestand, dass nichts von dem was die beiden gesagt hatte, sachlich falsch war. Zum Glück hatten die beiden die Mittel, den Fall bis zum höchsten australischen Gericht durchzuziehen – aber mussten 5 Jahre Prozesse durchmachen.

Bei diesen Urteilen fällt auf: (a) Man kann für das Äußern von Meinungen oder Aussprechen von Tatsachen verurteilt werden. (b) Der Wahrheitsgehalt dieser Aussagen spielt dabei keine Rolle. (c) Das Urteil hängt davon ab, ob sich jemand „beleidigt fühlt" oder nicht. (d) Die Regierung entscheidet, wer das Recht hat, sich beleidigt zu fühlen. (e) Bis jetzt wird eher Moslems dieses Recht zugestanden als Papst und Kirche.

All diese Punkte verletzen Rechtsprinzipien, auf denen unser Staat beruht und die wohl auch die Richter kennen, die fröhlich und ohne Zeichen von Unbehagen solche Urteile durchwinken.

Ein anderer Pfeiler unseres Rechtssystems, den Richter offenbar nur schwer verstehen, ist die Gültigkeit der gleichen Gesetze für alle. Wenn der Premierminister über eine rote Ampel fährt, erwarten wir, dass er dieselbe Geldbuße bezahlen muss wie ein Straßenfeger. Diese Rechtsidee markiert den Übergang von Königen und Despoten, die außerhalb der Gesetze standen, zur Demokratie, wo alle unter gleichem Recht stehen. Wenn unser Rechtssystem dieser Tradition folgt, sollten wir erwarten, dass Moslems denselben Strafen entgegensehen, wenn sie die Religion und Anschauungen von anderen beleidigen.

Ein Beispiel sind britische Polizisten, die in der Szene auf dem Foto hier nicht eingreifen. Es zeigt eine Demonstration in London nach der dänischen Cartoon-Affäre. Am linken Bildrand sieht man nur die Warnweste des einen Polizisten. Offenbar ist ihnen nicht klar, dass Aufruf zu Mord in England seit einigen Jahrhunderten eine verbotene Straftat ist, auch für Moslems.

Bei Rassismus macht es einen Unterschied, ob die weiße Emma West[17] einen Bus voll Schwarzer beleidigt, oder die schwarze Rhea Page eine Weiße beleidigt[18].

Das entsprechende deutsche Beispiel sind „Juden ins Gas"-Rufe bei diversen Palästina-Demonstrationen 2014, wo die Polizei nicht eingreift und der Staatsanwalt nicht ermittelt[19], trotz eindeutiger Aufnahmen der Szenen. Offenbar ist es ein Unterschied, ob junge Araber oder dumpfe deutsche Glatzen das skandieren.

Die aktuelle Entwicklung zur Meinungsfreiheit steht in direktem Wiederspruch zu Artikel 19 der Deklaration der Menschenrechte:

"Jeder hat das Recht auf Meinungsfreiheit und freie Meinungsäußerung; dieses Recht schließt die Freiheit ein, Meinungen unge-

hindert zu vertreten sowie über Medien jeder Art und ohne Rücksicht auf Grenzen Informationen und Gedankengut zu suchen, zu empfangen und zu verbreiten."

Ein paar Jahre vor diesen Ereignissen strahlte ein britischer TV-Sender eine Dokumentation aus über radikale Muslime in einer Moschee in Birmingham. Hier ging es nicht um irgendeine Hinterhofmoschee, sondern um eine der größten Moscheen Großbritanniens. Ein Reporter ging über mehrere Monate regelmäßig in die Moschee und filmte dort heimlich das Treiben. Nach einiger Zeit gewann er das Vertrauen der Imame, und sie ließen ihn an Versammlungen des inneren Kreises teilnehmen. Hier spien Prediger Hass gegen Ungläubige, Juden, das britische Volk und den Westen im Allgemeinen. Sie befürworteten auch den Sturz der britischen Regierung. Dies war bis vor ein paar Jahren ein Kapitalverbrechen! Wie zu erwarten griff sofort die Polizei ein. Aber nicht, wie man denken würde, gegen die Imame der Moschee, sondern sie versuchten Channel 4 wegen Hassreden zu verfolgen. Die Polizei behauptete gar, Channel 4 habe diese Predigten bearbeitet, damit sie noch extremer erscheinen. Diese Behauptung wurde später von einem Gericht verworfen. Man fragt sich, wie die Polizei auf diese Idee kam.

Ob diese Vorfälle lediglich Zufall sind oder Symptome einer Gesellschaft, die unter einem schleichenden Dhimmitum einknickt, ist schwer zu sagen. Was mich als Autor jedoch betrifft: sogar die Erörterung dieser Fragen bedeutet, als böser Rassist und Islamfeind gebrandmarkt zu werden. – Ob der Übersetzer aus Angst vor dem Islam unter Pseudonym schreibt, oder ob er Anfeindungen der Gedankenpolizei fürchtet?!

26. Das Ende der Welt

Mohammed gab seinen Anhängern eine Darstellung davon, was am Ende der Welt passieren werde. Der letzte Tag käme nicht, bevor nicht die ganze Welt durch den Islam erobert wäre. Wenn es so weit sei, würden die restlichen Dhimmis von den Muslimen ermordet. Die Juden würden sich hinter Felsen und Bäumen verstecken, aber den Felsen und Bäumen würden Münder wachsen und den Muslimen zurufen, die Juden zu töten, die sich hinter ihnen versteckten. Muslime glauben, dass sie nach dem Tod bis zu diesem letzten Tag wach im Grab liegen würden in Erwartung des Tages des Gerichts, an dem sie das Paradies betreten können.

Die einzigen, die direkt in den Himmel gelangen, sind die Märtyrer, die bei Ausführung des Dschihad sterben, und die Familien der Märtyrer. Eine muslimische Mutter, die gewöhnlich eine große Familie hat, hat dadurch einen starken Anreiz, einen ihrer Söhne als Märtyrer sterben zu sehen. Sein Tod ist das Ticket in den Himmel für sie, ihren Mann und ihre übrigen Kinder. Die Alternative, lebendig begraben zu sein und zu warten, bis die Welt erobert ist, ist eine wenig attraktive Variante. Diese Vorstellung ist übrigens auch der Grund, warum Muslime niemals zulassen, dass ihre Toten verbrannt werden.

HADITH Sahih Bukhari [4:52:177] erzählt von Abu Huraira:

Allahs Apostel sprach: Die Stunde wird nicht kommen, bevor ihr nicht mit den Juden kämpfet, und der Stein, hinter dem sich ein Jude verstecken wird, wird sprechen: 'O, Muslim! Da ist ein Jude hinter mir versteckt, also töte ihn."

HADITH Sahih Muslim [41:6985] Abu Huraira berichtet:

Der Prophet Allahs (Friede sei mit ihm) sprach:

Die letzte Stunde wird nicht kommen, bevor nicht die Moslems gegen die Juden kämpfen und die Moslems sie töten, bis die Juden sich hinter einem Stein oder einem Baum verstecken, und der Stein oder Baum wird sagen: Moslem, oder der Diener Allahs, da ist ein Jude hinter mir, komm und töte ihn, nur nicht der Baum Ghargad, denn er ist der Baum der Juden.

Muslime werden vom Islam aufgefordert, zu kämpfen, bis die ganze Welt erobert ist. Das wird das Ende der Welt bezeichnen. Wenn diese Zeit kommt, kommen alle wahren Muslime in den Himmel. Diejenigen, die sich weigern, sich am Dschihad zu beteiligen, sehen der Strafe Allahs entgegen und werden durch andere ersetzt, die gefälliger sind.

Aus dem Koran:
9:5 Und wenn die verbotenen Monate verflossen sind, dann tötet die Götzendiener, wo ihr sie trefft, und ergreift sie, und belagert sie, und lauert ihnen auf in jedem Hinterhalt. Bereuen sie aber und verrichten das Gebet und zahlen die Zakat [Armensteuer], dann gebt ihnen den Weg frei. Wahrlich, Allah ist allverzeihend, barmherzig.
9:38 O die ihr glaubt, was ist mit euch, daß ihr euch schwer zur Erde sinken lasset, wenn euch gesagt wird: «Ziehet aus auf Allahs Weg»? Würdet ihr euch denn mit dem Leben hienieden, statt mit jenem des Jenseits, zufrieden geben? Doch der Genuß des irdischen Lebens ist gar klein, verglichen mit dem künftigen.
9:39 Wenn ihr nicht auszieht, wird Er euch strafen mit schmerzlicher Strafe und wird an eurer Stelle ein anderes Volk erwählen, und ihr werdet Ihm gewiß keinen Schaden tun. Und Allah hat Macht über alle Dinge.

Wenn man das gelesen hat, versteht man, warum dieser Krieg (der Dschihad) noch nicht vorbei ist. Stattdessen geht er weiter, heute in einer etwas diskreteren Form, zumindest im Westen.
Wenn man sich von der bisherigen Geschichte des Islam leiten lässt, könnte die jetzige Entwicklung die Vorstufe zu der radikal militärischen Art des Dschihad sein, der innerhalb der Grenzen der westlichen Staaten noch nicht führbar ist.

27. Exkurs: Der Einfluss auf die Medien

Die vorigen Kapitel behandelten den islamischen Einfluss auf Regierungen und Universitäten. In diesem Kapitel schauen wir die Mittel an, mit denen er die Medien beeinflussen kann.

Mit Geld
Rupert Murdochs Medienimperium ist eines der größten der Welt. Daran hält ein saudischer Prinz 7% der Aktien im Wert von ca. 3 Milliarden US-Dollar. Im November 2005 starben zwei junge Moslems durch Elektroschläge, während sie vor der Polizei nach einem Verbrechen wegrannten. Muslime in ganz Frankreich randalierten nächtelang, zündeten Autos und Häuser an. Prinz Alwaleed bin Talal bin Abdul aziz Al-Saud sagte, er habe mit Murdoch telefoniert[20], nachdem er im Laufband des Nachrichtenkanals „muslimische Ausschreitungen" gelesen habe. Innerhalb einer halben Stunde änderte sich der Text von „Krawalle von Moslems" in „Krawalle von Bürgern".

Durch Einschüchterung
Sie erinnern sich sicher an die Affäre mit dem dänischen Cartoon-Wettbewerb. Die dänische Zeitung Jyllands Posten veröffentlichte als wichtiges Zeichen gegen die Erosion der Meinungsfreiheit eine Serie von Karikaturen, die den Islam und Mohammed auf die Schippe nahmen. Obwohl zuerst alles ruhig blieb, tourte ein Imam, dem die freundlichen Dänen die dänische Staatsbürgerschaft verliehen hatten, durch den Nahen Osten und schürte Hass gegen Dänemark und alles Dänische. Die resultierenden Unruhen, Gewalt und ökonomischen Aktionen mögen die Dänen ca. 170 Millionen US-Dollar gekostet haben. Die Wogen beruhigten sich nach einer kriecherischen Entschuldigung der Zeitung und der dänischen Regierung, aber die Karikaturisten haben die Zahl von Journalisten erhöht, die Personenschutz gegen Muslime benötigen. Es ist klar, bevor nun irgendeine Presse den Islam kritisiert, oder auch nur die Wahrheit über ihn erklärt, bedenkt sie ernsthaft die möglichen Folgen.

Nachtrag aus dem Jahre 2015 zu Charlie Hebdo: Auch diese Zeitung hat in aller Stille Mohammed-Karikaturen eingestellt und kein „Je suis Charlie"-Hühnchen hat danach gekräht.

Durch Ausbildung
Journalisten, die das Thema Islam und Naher Osten abdecken, sind gewöhnlich Spezialisten, die Islamstudien an der Universität hörten. Diese Fakultäten sind teils von Petro-Dollars finanziert.

Über Politik
Obwohl wir theoretisch an eine freie Presse glauben, üben Regierung und Parteien in der Praxis immer ein gewisses Maß an Einfluss aus, durch eine Kombination von Drohungen, Belohnungen, Gefälligkeiten usw. Man würde erwarten, dass der Islam seinen Einfluss auf die Regierung nutzt, um Druck auf die halbstaatlichen Medien auszuüben, in Deutschland auf die öffentlich-rechtlichen Sender, in England die BBC, dessen arabischer Dienst viel für seine Pro-Dschihad-Haltung kritisiert wird. In den USA behaupten viele Leute, dass die Medien jüdisch dominiertem Kapital gehören und entsprechende Propaganda machen, aber wenn das der Fall wäre, würde man mehr deutliche Islamkritik im Programm oder in den Nachrichten erwarten.

Mit einem Maß an Kontrolle über Regierung, Medien und Universitäten ist der Islam in der Lage, seinen Einfluss in weiteren Institutionen unserer Gesellschaft zu verbreiten. Offensichtliche Beispiele sind Schulen, Polizei, Buchverlage, Justiz, Gemeinderäte (muslimische Stimmen) usw.

Warum wohl haben Sie vorher so wenig von Mohammeds Leben und seiner Bedeutung für die moderne Gesellschaft gehört oder gelesen?

28. Frauen im Islam

B1,6,301 Auf dem Weg zum Gebet ging Mohammed an einer Gruppe Frauen vorbei und er sagte: "Meine Damen, gebt Almosen und spendet Geld an die Unglücklichen, denn ich habe gesehen, dass die meisten Menschen in der Hölle Frauen sind." - Sie fragten: "Warum ist das so?" und er antwortete: "Ihr schwört zu viel und ihr zeigt keine Dankbarkeit gegenüber euren Männern. Ich bin noch nie jemandem begegnet, dem es so sehr an Einsicht fehlt oder unwissend über seine Religion ist, wie Frauen. Ein sorgfältiger und intelligenter Mann könnte leicht fehlgeleitet werden durch viele von euch."
Sie antworteten: "Was genau fehlt uns an Intelligenz oder am Glauben?" Mohammed sprach: „Ist es ist nicht wahr, dass die Zeugenaussage eines Mannes gleich dem Zeugnis zweier Frauen gilt?" Nachdem sie bestätigten, dass dies richtig sei, sagte Mohammed: "Das zeigt, dass es Frauen an Intelligenz mangelt. Ist es nicht auch wahr, dass Frauen während ihrer Regelblutung nicht beten dürfen und auch nicht fasten?" Sie sagten, dass dies auch wahr sei. Mohammed spracht dann: "Das zeigt, dass es Frauen an ihrer Gläubigkeit fehlt."

Anmerkung des Autors:
Muslime sehen Mohammed als den perfekten Mann des Islam, als die Führung in allen Belangen. Obiges Beispiel an Logik im Zirkelschluss gibt uns (und den Muslimen) einen Einblick in die Meinung Mohammeds über Frauen. Nach seiner Weltanschauung ist ihre Aussage vor Gericht nur halb so viel wert wie die eines Mannes, und sie dürfen während der Menstruation nicht beten oder fasten. Daraus zog Mohammed den Schluss, dass es Frauen an Intelligenz und Religiosität mangelt.

Gemäß dem Gesetz der Scharia gilt:

- Frauen können nicht die Scheidung einreichen.
- Frauen erben weniger als Männer.
- Frauen haben weniger Anspruch auf das Sorgerecht für die Kinder bei einer Scheidung
- Männer können mehrere Frauen heiraten, ohne die Verpflichtung, die neue Braut zu informieren oder die bestehenden Ehefrauen.

Dies sind nur ein paar der Bedingungen, unter denen muslimische Frauen leben müssen. Noch einschränkender für sie ist wohl die Besessenheit des Islam bezüglich der (weiblichen) Sexualmoral. In Anbetracht von Mohammeds Behandlung der weiblichen Gefangenen, seiner Kinderbraut und elf Ehefrauen, erscheint die Prüderie für Nicht-Moslems verwirrend.

Wie immer löst sich die Frage, wenn wir den Islam als Vehikel für die Eroberung sehen, insbesondere in einer Stammes-Gesellschaft. Wie wir bereits gesehen haben, benutzt der Islam die Frauen, um sich zu verbreiten, indem er ihre Reproduktionsfähigkeit nutzt, um zahlenmäßig zu wachsen.

Dennoch werden Frauen auch als zweischneidiges Schwert gesehen. Viele berühmte Konflikte im Laufe der Geschichte sind verursacht durch Eifersucht wegen der Frauen. Helena, „deren Gesicht tausend Schiffe losfahren ließ" und zehn Jahre Krieg um Troja auslöste, und Kleopatra, an der sich die Kämpfe von Marcus Antonius mit Julius Cäsar entzündeten, sind nur zwei Beispiele für ganze Armeen, die sich aus Eifersucht über die Frauen verfeindeten. In Stammeskonflikten haben Rivalitäten und Spannungen wegen Frauen und insbesondere wegen Untreue leicht das Potenzial zu katastrophalen Verwerfungen, die zu Blutfehden und damit zur Niederlage und Auslöschung des ganzen Stammes führen können. Das erklärt die Entwicklung solch strenger Regeln.

Die Scharia verhängt die schrecklichsten und barbarischsten Strafen, um jede Spur von sexuellem Fehlverhalten der muslimischen Frauen zu verhindern. Diese reichen von öffentlichen Auspeitschungen bis hin zum bis zur Taille eingraben und zu Tode steinigen. Frauen werden häufig von Familienmitgliedern getötet, bevor solche Fälle vor Gericht gehen. Diese außergerichtlichen Morde sind als "Ehrenmorde" bekannt und werden auch in westlichen Ländern zunehmend üblich.

Mohammed hatte elf Frauen und verschiedene Konkubinen und Sklavinnen. Die Quellen berichten von Streitigkeiten der Frauen untereinander, in die auch Mohammed hineingezogen wurde. Schließlich wurden die Probleme so gravierend, dass er dazu riet, sie unter einem Schleier zu verdecken. Durch die Kontrolle der Frauen konnte Mohammed seine Probleme reduzieren und er war frei, sich auf den Dschihad zu konzentrieren. Das Gesetz der Scharia spiegelt dies wider, indem es Frauen von Geburt an in eine Position der Machtlosigkeit versetzt.

Um alle diese potenziellen "Probleme" zu verhindern, die eigentlich nur die sexuelle Selbstbestimmung der Frau sind, gehen einige islamische Gesellschaften noch einen Schritt weiter und beschneiden Mädchen vor der Geschlechtsreife. Das Grauen dieser Praxis der weiblichen Genitalverstümmelung ist unvorstellbar.

Die Beschneidung von Frauen ist allerdings keine islamische Erfindung. Aus den Hadithen geht hervor, dass die weibliche Genitalverstümmelung zu Mohammeds Tagen üblich war. Verschiedene Hadithe definieren Geschlechtsverkehr als erfolgt (aus Gründen der Reinheit ist das ein Thema), wenn „die beschnittenen Teile sich berühren oder kreuzen". Das bedeutet, Beschneidung sowohl von Männern als auch von Frauen wird vorausgesetzt.[21]

Anmerkung des Autors:
Zum Glück für viele muslimische Mädchen sind die Hadithe, die die Praxis der weiblichen Beschneidung stützen, nicht die beiden *sahih* (authentischen) von Bukahri und Muslim, sondern von Abu Dawud, immer noch einer der vier „starken" (Buch 41, Nr. 5251, Hadith der Beschneiderin[22]). Es stimmt, dass viele Moslems die

Beschneidung von Frauen heute nicht mehr praktizieren. In Ägypten und Indonesien, wo die Shafi'i-Richtung des sunnitischen Islam vorherrscht, ist sie aber flächendeckend üblich. In den islamischen Entwicklungsländern ist sie immer noch verbreitet und dort sind die hygienischen Bedingungen bei der Beschneidung extrem schlecht.

Leider wird das Thema weibliche Beschneidung von Frauenrechtlerinnen aus falscher Rücksichtnahme auf andere Kulturen nicht so offen angesprochen, wie man es sich im Sinne der betroffenen Mädchen wünschen würde.

29. Weitere Selbstmordanschläge

B4,52,65 Ein Mann kam zum Propheten und fragte: „Ein Mann kämpft wegen der Kriegsbeute, ein anderer kämpft für Ruhm, ein dritter um anzugeben. Welcher von ihnen kämpft für Allahs Sache?" Der Prophet sagte: "Wer dafür kämpft, dass Allahs Wort [der Islam] überlegen ist, der kämpft für Allahs Sache."

I791 Mohammed schickte bald nach seiner Rückkehr aus Mekka ein Heer von dreitausend nach Muta. Muta lag nördlich von Medina, an der Grenze zu Syrien. Als die Muslime dort ankamen, fanden sie dort ein großes Heer der Byzantiner vor.

Die Dschihadisten verbrachten zwei Tage mit Diskussion. Sie waren nicht hergeschickt worden, um gegen eine Berufsarmee zu kämpfen. Was sollten sie tun? Viele wollten eine Nachricht zurück an Mohammed schicken und die neue Situation erklären. Wenn er dann wollte, dass sie angriffen, so sei es. Wenn er Verstärkung schicken wollte, umso besser. - Dann aber sprach einer von ihnen: "Männer, ihr beklagt euch darüber, weswegen ihr hier her gekommen seid. Sterbt als Märtyrer! Der Islam kämpft nicht mit Überzahl oder Stärke, sondern wegen seiner selbst. Auf geht's! Wir haben nur zweierlei Aussichten: Tod oder Martyrium; beides ist gut. Lasst uns vorwärts gehen!"

I796 Die Muslime wurden förmlich in Streifen geschnitten. Die christlichen Byzantiner waren ein professionelles Heer und an Zahl überlegen. Das waren keine mekkanischen Kaufleute. - Mohammed sagte, dass alle drei muslimischen Befehlshaber auf Liegen aus Gold in den Himmel aufführen. Aber die Liege des letzten Befehlshabers drehte leicht ab, als es sich dem Himmel näherte, weil er kurz gezögert hatte, bevor er sich ins Verderben stürzte. Er war kein ganzer Märtyrer. Dennoch weinte Mohammed um alle Toten. Das war ungewöhnlich, da er verboten hatte, übermäßig um die zu trauern, die im Dschihad starben.

Anmerkung des Autors:

Obwohl Mohammed ein fähiger militärischer Befehlshaber war, basierte das Wesen seines Dschihad nicht auf dem Prinzip überlegener militärischer Strategie, sondern auf der Inspiration seiner Anhänger zu Selbstmord-Tapferkeit im Kampf. Hinzu kam, dass der Islam durch seine hohen Geburtenrate gefallene Krieger schnell ersetzen konnte und das nie endende Bekenntnis zum kriegerischen Konflikt. So hat der Islam langfristig in fast allen Konflikten obsiegt, an denen er beteiligt war. Das gilt auch hier: Obwohl in dieser Phase die Byzantiner unendlich mächtiger als Mohammed waren, triumphierten die Mohammedaner bald und übernahmen das byzantinische Reich.

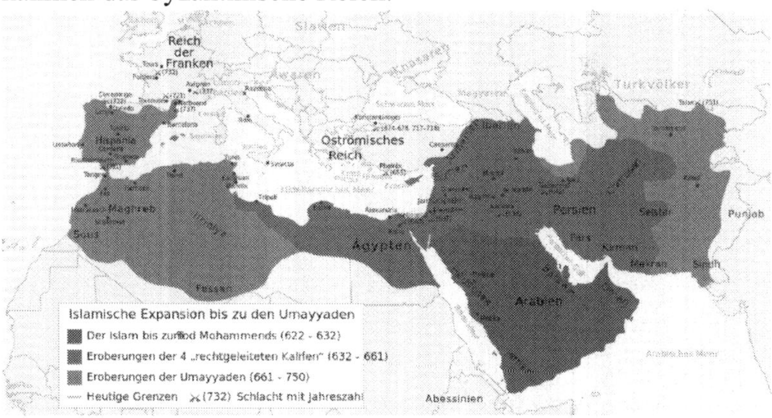

Mohammed setzte seinen Dschihad ununterbrochen bis zu seinem Tod fort. Während dieser Zeit war er im Durchschnitt alle sieben Wochen an einem bewaffneten Ereignis beteiligt. Er starb am 8. Juni 632 plötzlich und unerwartet an einer Krankheit, etwa neun Jahre nach seiner Ankunft in Medina. Bis dahin war er der König von ganz Arabien, ohne dass ein einziger Feind übrig geblieben wäre. Vor seinem Tod schickte er Briefe an die mächtigen persischen und byzantinischen Kaiser, worin er sie aufforderte, sie sollten zum Islam konvertieren oder die Folgen tragen. Sie haben wahrscheinlich über seine Arroganz gelacht. Sie ahnten ja nicht, dass wenige Jahrzehnte später ihre antiken Imperien durch Muslime mit Mohammeds Taktik des Dschihad erobert werden würden. Auch wenn sich die Methoden des Dschihad im Laufe der Jahre verfeinert und angepasst haben, so bleiben seine Prinzipien bis zum heutigen Tag die gleichen.

Dschihad-Regeln - Zusammenfassung:

1) Dschihad ist von Allah befohlen. Es gibt keine höhere Autorität; also ist Dschihad immer gerechtfertigt.

2) Lass dich niemals durch irgendwelche Regeln oder Einschränkungen aufhalten, der Zweck heiligt *jedes* Mittel, egal wie furchtbar. Dschihad kann jede Handlung sein, die den Islam voranbringt, oder die Ungläubigen schwächt, sei es durch eine Gruppe oder eine Einzelperson. Auch Geldspenden für den Dschihad eines anderen sind in sich eine Art von Dschihad.

3) Spiele *immer* das Opfer. Mohammed kehrt die Sichtweise um. Obwohl er unschuldige Menschen ohne Not angreift, beschuldigt er sie, dass sie „andere davon abgehalten hätten, Muslime zu werden" und Götzen anbeteten. Der Angriff ist ihre Schuld und die Muslime sind die Opfer, nicht die Ungläubigen.

4) Wiederhole das wieder und immer wieder – und die Leute werden es irgendwann glauben. Wenn du das Opfer überzeugen kannst, die Schuld auf sich zu nehmen, dann hast du gewonnen, weil Gegenwehr ein Gefühl von Ungerechtigkeit erfordert. Wenn das Opfer die Schuld übernimmt, richtet es seinen Hass auf sich selbst.

5) Begeistere deine Anhänger zu fanatischer Tapferkeit bis in den Tod.

6) Gib nie auf, auch dann nicht, wenn du gerade verlierst.

7) Täusche den Feind (den Ungläubigen) wo immer möglich, um den Sieg zu sichern.

8) Erlaube niemals Kritik an Mohammed, Allah oder dem Islam und zerstöre die Meinungsfreiheit.

30. Von Mohammed in die heutige Zeit

Die Ridda-Kriege und das Goldene Zeitalter

Nach Mohammeds Tod stellte gut die Hälfte der Stämme Arabiens die Zahlung der Almosensteuer ein und wandte sich vom Islam ab, zweifellos mit einem großen Seufzer der Erleichterung. Sie nahmen wieder ihre angestammte Religion an. Zu ihrem großen Pech starb mit Mohammed nicht auch der Islam. Sein Nachfolger Abu Bakr bekämpfte sie in langen und blutigen Feldzügen, bekannt als die Ridda-Kriege (von arabisch Ridda: Abfall, Apostasie). Mit der Taktik des Dschihad zwang er sie alle, sich ein weiteres Mal dem Islam zu unterwerfen.

Nachdem diese Handvoll armer, ungebildeter Wüstenstämme einmal Arabien zurückerobert hatte, brachen sie auf in eine nichtsahnende Welt. Mit dem Dschihad eroberten sie das Byzantinische Reich (das oströmische Reich), das persische Sassaniden-Reich, ganz Nordafrika und Nord-Indien bis Bengalen. Sie eroberten in Europa Spanien im Westen und stießen von Osten vor bis Wien. Die alten großen Reiche Ostrom, Persien und Indien waren damals die reichsten, technisch und intellektuell fortschrittlichsten Gesellschaften der Welt. Deren Oberschicht an Ärzten, Architekten und Wissenschaftlern wurde von den muslimischen Herrschern als Dhimmis gehalten, um der islamischen Kultur mit ihrem Wissen und Fähigkeiten zu dienen.

In den frühen Tagen des Islam wertschätzten die Kalifen die klassische Bildung. Damals sind viele Werke aus dem Griechischen, Persischen und Sanskrit ins Arabische übersetzt worden, vor allem unter den Mu'taziliten, die in Bagdad Hof hielten. Man sagt, die Vereinigung der byzantinischen und persischen Reiche und die erzwungene gemeinsame Sprache Arabisch hätten zu einem freien Austausch von Ideen geführt und daraus sei das bekannte "Goldene Zeitalter des Islam" entstanden.

Diese Theorie lässt außer Acht, dass die alten Reiche bereits vorher geistige Zentren der Welt waren. Sie führten ihre Kultur einfach nur unter islamischer Besetzung fort. Die Perser (die modernen Iraner) sprechen auch heute noch Farsi und eben nicht Arabisch, eben weil ihre alte Kultur fortdauerte.

Kultureller Stillstand

Es gibt erhebliche Bedenken, dass das „Goldene Zeitalter" eine eigenständige Kulturleistung des Islam ist. Zweifel an der klassischen Argumentation kommen, wenn man das Ende des Goldenen Zeitalters betrachtet: Im Wesentlichen wurde die herrschende Schule der Mu'taziliten von den viel dogmatischeren Ashariten gestürzt. Deren Denkweise orientierte sich mehr an der islamischen Lehre der Prädestination, die jeden naturwissenschaftlichen, künstlerischen und philosophischen Fortschritt lähmt.

Prädestination heißt, dass jedes Ereignis im Universum von Allah persönlich vorherbestimmt ist. Sie argumentierten, dass obwohl sich die Dinge regelmäßig gleich verhalten, das lediglich Zufall sei. Als Paradebeispiel wird angeführt: "Nur weil man den König immer auf einem Pferd durch die Straßen reiten sieht, bedeutet das nicht, dass er nicht eines Tages zu Fuß durch sein Reich gehen könnte." Wenn Gott jedes einzelne Atom im Universum lenkt, dann gibt es auch keinen Grund, warum ein Apfel, der gewöhnlich vom Baum nach unten fällt, morgen nicht nach oben fallen sollte. Herr Newton und die moderne Physik lassen grüßen. Diese Denkweise ist genau das Gegenteil der Lehre von Ursache und Wirkung, der Grundlage jeden naturwissenschaftlichen Verständnisses.

Es ist verwunderlich, dass sich solch eine absurde Idee wie die Prädestinationslehre bis zum heutigen Tag halten kann. Aber durch die Unterstützung der islamischen Doktrin hat sie sich gerade in diesen Ländern erhalten. Folgende Fakten und Statistiken sind sonst nur schwer erklärlich: In den letzten 700 Jahren gab es in der ganzen islamischen Welt nicht eine einzige wissenschaftliche Erfindung oder Entdeckung von Bedeutung[23]. Jedes Jahr werden mehr Bücher ins Spanische übersetzt, als ins Arabische in den letzten 1000 Jahren übersetzt worden sind[24].

Christentum und Judentum sehen die Welt als logisch aufgebaut und gestehen dem Menschen Handlungsfreiheit zu. Es gab natürlich Zeiten, in denen freies Denken beschränkt wurde, vor allem durch die spätmittelalterliche Kirche. Auch wenn Papst Urban VIII Galileo in den Kerker warf, hat sich dessen Konzept vom Sonnensystem trotzdem schnell verbreitet und durchgesetzt, was an der Kultur liegt, die empfänglich für Logik und Argumentation war. Zum Vergleich: Als der brillante spanisch-maurische Philosoph Averroës (Ibn Rushd) verbannt wurde und viele seiner Bücher verbrannt wurden, verschwand sein Werk in der islamischen Welt in der Versenkung. Erst der christliche Denker Thomas von Aquin entdeckte seine Schriften wieder und erkannte ihre Bedeutung.

Die Freiheit zu denken, zu reden und zu diskutieren und mit neuen Gedanken die Orthodoxie herauszufordern ist in der christlichen Lehre inhärent, fehlt aber im Islam. Genau diese Freiheit (und eben nicht genetische Überlegenheit) war der entscheidende Faktor bei der Wissensexplosion und dem technischen Fortschritt, der ab der Renaissance fast ausschließlich vom christlich-jüdischen Westen geleistet wurde.

Ökonomischer Niedergang

Das Ergebnis war insgesamt ein langsamer ökonomischer Niedergang der islamischen Länder. Militärisch war der Trend lange Zeit nicht offensichtlich, zumal islamische Armeen und Sklavenjäger über Jahrhunderte alles kurz und klein schlugen, vor allem auf dem Balkan, dem Grenzgebiet zu islamischen Ländern. Trotz unerbittlicher Angriffe bis zweimal vor die Tore Wiens gelang es den Europäern, die Muslime in Schach zu halten.

Nachdem der Islam all die reichen Imperien erobert hatte und die Beute verbraucht war, waren die Muslime abhängig von den Dhimmis geworden, um volkswirtschaftlich gutes Einkommen zu erzielen. Leider ist das islamische System so gestrickt, dass es beständig die Dhimmis nötigt, zum Islam zu konvertieren. Damit bleibt eine immer geringere Anzahl produktiver Menschen, um den wachsenden Anteil nicht-produktiver Menschen zu unterhalten.

Ein weiteres Problem hat der Islam durch die Umweltzerstörung. Nordafrika war nicht immer eine Wüste. In der Antike war es produktives Ackerland. Karthago und Ägypten waren mächtige nordafrikanische Reiche und haben Rom lange die Vorherrschaft streitig gemacht. Solche Reiche blühen nicht in Wüsten, sondern an Orten mit Überfluss. Ägypten mit seinem fruchtbaren Boden und Wasser aus dem Nil war der Brotkorb des römischen Reiches.

Die Araber waren keine Bauern, sie hatten Viehherden. Bei der Eroberung Nordafrikas schickten die muslimischen Eroberer Ziegen über das Ackerland der christlichen Dhimmis, die keine Mittel hatten, sie aufzuhalten. Schlickproben aus dem Mittelmeer deuten auf raschen Verlust von Mutterboden und zeitgleich entsprechende Wüstenbildung. Dieser Indizienbeweis wird unterstützt durch Anzeichen einer raschen Entvölkerung durch Hungersnöte.

Dem langsamen Niedergang des Islam stand der Aufstieg Europas gegenüber, das sich nach und nach von den traditionellen Dogmen der Kirche befreite, sich neu erbauend auf der Kraft der wissenschaftlichen Methode der alten Griechen. Obwohl der Islam vermutlich dieses Wissen nach Europa gebracht hat, darf man fragen, ob es den kurzen Sprung aus dem Orient nicht auch ohne die islamischen Invasionen gemacht hätte.

Kreuzzüge, Wien, die Neuzeit:
Zwischen 1000 und 1300 n. Chr. antworteten die Europäer auf Hilferufe des Patriarchen der Ostkirche, dessen Länder vom Dschihad verwüstet wurden. Eines der Ziele dieser "Kreuzzüge" war, das Heilige Land für die Pilger zu sichern. Während die Kreuzzüge kaum ein wirklicher Erfolg waren, war die Tatsache, dass die ungläubigen Kuffar islamisches Land zurückerobern und für längere Zeit halten konnten, eine unglaubliche Demütigung für Muslime, die sie noch 700 Jahre später schmerzt.

Die Angriffe der Türken auf Osteuropa waren eine erhebliche Bedrohung bis etwa 1700. Wendepunkt ist Wien 1683. Die Sklavenjagden durch die Piraten verursachten eine erhebliche Entvölkerung der Küstenregionen Europas bis etwa 1800. Mit dem Eintritt der Moderne und der Entwicklung der europäischen Technik geriet der Islam zunehmend in die Defensive. Immer mehr muslimische Länder wurden von den Europäern zurückerobert.

Die Totenglocke für die islamische globale Macht aber kam mit der Erfindung des Maschinengewehrs. Solange man mit Schwertern, Pfeil und Bogen oder auch langsam zu ladenden Gewehren kämpfte, war die größere Anzahl von fanatischen Kämpfern im Vorteil. Sobald aber das Maschinengewehr als Waffe eingeführt wurde, verschwand der Vorteil der Kavallerie oder Fußtruppen vollständig. Diese Lektion mussten alle Seiten im 1. Weltkrieg schmerzvoll lernen. Für die Muslime bedeutete die Industrialisierung der Kriegsführung, dass der ganze Vorteil des Dschihad wegfiel. Die islamischen Länder wurden nun machtlos in einer Welt, die von den Ländern regiert wurde, die die modernste Technik hatten, das höchste Niveau an Industrieproduktion und an wissenschaftlicher Ausbildung.

Das türkische Osmanische Reich wurde am Ende des ersten Weltkriegs zerlegt. Es wurde zwischen den Siegern, vor allem den Briten und Franzosen aufgeteilt, die es etwa 30 Jahre als Mandatsgebiet halten sollten. Nach dem 2. Weltkrieg teilten sie es auf und gaben es zurück unter arabische Kontrolle. Ausgenommen war etwa 1% des Gebietes im Nahen Osten, ein trockengelegtes Sumpfgebiet mit wenig natürlichen Ressourcen. Dies wurde den Juden gegeben und heißt heute Israel.

Nach 1945:

Wer die Briten und ihre Taktik kennt, darf vermuten, dass die Aufteilung des Nahen Ostens so geschah, dass sie eine gewisse Kontrolle über die strategisch wichtigen Ölfelder behielten, die sie und die Amerikaner dort entdeckt und erschlossen hatten. Damit das Öl weiter fließen konnte, spielten Briten und Amerikaner im Nahen Osten zweifellos jede Art schmutziger Spielchen und stützten viele zwielichtige Regimes, wie sie es überall auf der Welt taten.

In anderen Teilen der Welt machten brutale Regime den Weg zur Demokratie frei. In der islamischen Welt hingegen ist das nicht geschehen. Der Islam betrachtet Demokratie als ein Gräuel, weil sie menschengemachte Gesetze über Allahs Gesetz stellt, über die

Scharia. Daher dürfte jeder Versuch, Demokratie in einem islamischen Land einzuführen, schnell scheitern. Islamische Parteien werden sich einfach selbst an die Macht wählen lassen mit dem Ziel, Demokratie durch die Scharia zu ersetzen, wie zum Beispiel in Pakistan.

Islamische Gesellschaften neigen entweder zu totalitärer theokratischer Herrschaft mit Scharia (Saudi-Arabien, Iran) oder zu Diktaturen, die brutal genug sind, die Mullahs kleinzuhalten. Versuche in Richtung Demokratie scheitern entweder blutig (Afghanistan und Algerien, nun Irak und Syrien wo der IS sich etabliert) oder die Demokratie wird gestützt durch säkulare Militärregimes (Indonesien, Atatürks Türkei), oder es ist Schein-Demokratie (Malaysia, wo seit der Unabhängigkeit eine einzige islamische Partei regiert). Wenn in den westlichen Demokratien der muslimische Bevölkerungsanteil künftig stark zunimmt, dürften sie ähnliche Probleme bekommen.

Nach dem ersten Weltkrieg bis in die 60er Jahre, als der Westen die islamische Welt kontrollierte, verlor der Islam viel von seiner offenen politischen Macht. Er überlebte hauptsächlich in seiner religiösen Form. Die Muslime genossen eine Periode relativer persönlicher Freiheit. Frauen konnten unverschleiert gehen, weltliche Bildung wurde allgemein zugänglich und der Zwang zum Dschihad wurde größtenteils auf Eis gelegt.

Leider – vor allem für die Muslime – ändert sich eine Kultur nicht einfach in wenigen Jahrzehnten. Die islamische Gesellschaft trägt noch die Last der vielen Praktiken, die ihre wirtschaftliche Entwicklung stark verzögern. Die einzige Boom-Branche der Region war die Ölindustrie, die hauptsächlich von westlichen Unternehmen betrieben wurde und nicht woanders hin abwandern konnte. Der größte Teil des Gewinns aus dieser Branche, der in den Ländern blieb, versickerte und ging in Korruption verloren[25]. Die Enttäuschung über die ausbleibende Wirtschaftsentwicklung stärkte die religiös-konservativen Kräfte. Die liberale Zeit endete durch die iranische Revolution und seitdem kehrt auch in den anderen islamischen Länder der Schleier wieder zurück.

31. Die Muslimbruderschaft und das Projekt

Die Muslimbruderschaft hat als Ziel, die Gesellschaft wieder nach den traditionellen islamischen Lehren Koran und Sunna auszurichten und das islamische Recht (Scharia) in der muslimischen Welt einzuführen und die islamische Herrschaft über die ganze Welt auszubreiten. Der ägyptische Lehrer Hasan al-Banna gründete diese fundamentalistische Gruppe 1928 als Verein.

Das Motto der Bruderschaft ist: "Allah ist unser Ziel. Der Prophet ist unser Führer. Koran ist unser Gesetz. Dschihad ist unser Weg. Sterben auf dem Wege Allahs ist unsere höchste Hoffnung."

Auch wenn Gewalt ein Mittel zur Erreichung ihrer Ziele ist, versteht die Muslim-Bruderschaft doch, dass der Westen zu stark ist, um ihn auf diese Weise zu besiegen. Sie setzt stattdessen auf die Nutzung der anderen Taktiken wie "Taqiyya" (heilige Täuschung), Korruption und Infiltration. Zu den weltlichen arabischen Diktatoren hat sie angespannte bis blutige Beziehungen. Herzlichen Empfang hingegen findet sie in einigen Golfstaaten. Einige reiche Araber teilen die gleichen Ziele wie die Bruderschaft und haben das Geld, um ihre Pläne in die Tat umzusetzen. Einer der Ableger der Bruderschaften ist Al-Kaida. Diese Organisation hat die typische Struktur, den wohlhabenden Saudi Osama bin Laden an der Spitze des Finanzierungs-Fonds, während die geistige Führung von seiner ägyptischen Nummer Zwei kommt, Al Zawahiri. Organisation und Planung (zumindest für die 9/11 Angriffe) wurden vom ägyptischen Khalid Scheich Mohammed geliefert.

Die Bruderschaft hat weitere gewalttätige Dschihadisten unter ihrem Einfluss, wie z. B. die Hamas. Sie beeinflusst aber wesentlich mehr Gruppen, die nicht offen Gewalt unterstützen.

Die Liste ihrer nordamerikanischen Ableger ist lang. Im Vereinigten Königreich ist die größte islamische Organisation der „Muslim Council for Britain", eine Organisation der Bruderschaft. In vielen westlichen Ländern ist es ähnlich, wobei in Deutschland abweichend türkische Organisationen dominieren.

Die Muslim-Bruderschaft hat 1982 konkrete Pläne[26] niedergelegt, wie der Westen für den Islam zu erobern sei. Das "Projekt" der Muslimbruderschaft ist quasi die islamische Internationale. Al-Kaidas erschreckender 7-Stufen-Plan zur Eroberung Europas[27] scheint darauf aufzubauen. In der vierten Phase von 2010 bis 2013 sollen die arabischen Regierungen gestürzt werden, in Phase fünf soll ein islamischer Staat als Kalifat errichtet werden und ab 2016 ist die totale Konfrontation vorgesehen, mit Endsieg bis 2020.

Die hier im Buch genannten Trends gehören auch zum Plan.. Lesen Sie sich bei Interesse tiefer in dieses Thema ein[28]. Leider drängt sich der Eindruck auf, dass die Muslimbrüder nicht nur bärtige Spinner sind, sondern kluge, langfristige Planer. Man kann sagen, dass das Projekt im Zeitplan liegt.

32. Mohammed – letzter Akt

Muslime sind Menschen wie alle anderen auch. Jeder von uns kann Muslim werden, einfach durch dreimaliges Aussprechen des Glaubensbekenntnisses auf Arabisch. Der Islam aber ist nicht nur einfach eine Religion. Er ist vielmehr ein System, ein Werkzeugkasten, geschaffen von Mohammed und teils von seinen frühen Anhängern, um die Welt zu übernehmen. Notfalls mit Gewalt.

Wenn das Ziel des Islam vollendet ist, werden alle anderen Kulturen zerstört und durch eine islamische Monokultur ersetzt worden sein. Falls diese Einschätzung auch nur in Ansätzen richtig sein sollte, müssen wir dringend fundiert und ernsthaft über die Folgen der wachsenden islamischen Macht diskutieren.

Auch wenn die Idee der Weltherrschaft weit hergeholt klingen mag, wissen wir bereits, dass sie ganz im Einklang mit den Zielen des Islam ist und klar in der islamischen Lehre niedergeschrieben ist. Selbst ein nur flüchtiger Blick auf den heutigen islamischen Einfluss zeigt uns die Entwicklung, die wir erwarten, wenn ein solcher Plan in Kraft wäre.

Der Trend zur Ausbreitung des Islams zeigt sich in den französischen „zones urbaines sensibles", eine schamhafte Umschreibung von Gebieten, die überwiegend von armen moslemischen Immigranten bewohnt sind. 2006 gab es laut französischer Regierung 751 solcher Gebiete, in denen ca. 8% der französischen Bevölkerung leben. [29] Nicht-Muslime bewegen sich in solchen Zonen auf eigenes Risiko. Polizei und Militär gehen in diese Gebiete nur widerwillig und nur wenn es wirklich sein muss. Nach dem was wir über Demografie und Immigration wissen – und Regierungsprognosen bestätigen das – werden diese Gebiete in den nächsten Jahrzehnten weiter wachsen. Man bedenke kurz: 8% der französischen Bevölkerung leben in Bereichen, die in gewissem Maße unter Besatzung einer fremden Macht stehen! Und das war niemals eine Erwähnung in der Presse wert[30]?

In Schweden listet die Polizei 55 Ausschlussgebiete („utsatta område") auf, die sie nicht betritt. In Deutschland spricht man noch hinter vorgehaltener Hand über rechtsfreie Räume wie Berlin-Neukölln, Duisburg-Marxloh und weitere.

In vielen dieser Gebiete gilt faktisch teilweise das Gesetz der Scharia, denn die offizielle Rechtsordnung kann der Staat dort nicht mehr durchsetzen. Offensichtlich geht hier Befremdliches vor sich, das nicht zur offiziellen „Muslime sind die armen Opfer von westlicher Aggression"-Geschichte passt.

Niemand weiß, was die Zukunft bringen wird. Wir scheinen an einem Wendepunkt zwischen zwei Szenarien zu stehen, einem optimistischen und einem pessimistischen:

In Szenario 1 werden Muslime weiterhin an Zahl und Einfluss in der westlichen Welt wachsen. Einwanderung und hohe Geburtenrate bedeuten zunehmende politische Macht, unterstützt durch Geld der globalen Umma. Die bürgerliche Freiheit wird zunehmend eingeschränkt, insbesondere die Meinungsfreiheit und Religionsfreiheit. Wer sich offen gegen diese Entwicklung stellt, wird geschmäht, verfolgt, bedroht und sogar ermordet. Die Scharia wird das säkulare Recht schrittweise ersetzen und Nicht-Muslime werden zum Opfer ständig wachsender Diskriminierung und Entrechtung, wogegen sie sich nicht wehren können und machtlos sind.

Sporadischen Fällen von Widerstand wird mit Krawallen begegnet, mit zufälligen Vergeltungsaktionen, gefolgt von hartem Durchgreifen der Staatsmacht gegen die für die Gewalt Verantwortlichen (die Nicht-Muslime!). Das Ende des Spiels ist natürlich eine islamische Gesellschaft, regiert von der Scharia, mit Nicht-Muslimen als Dhimmis, die Kopfsteuer an die Muslime zahlen und gedemütigt leben müssen.

Es ist erschreckend zu sagen, auch wenn es nicht gerne gehört wird: Der Anfang davon spielt sich jetzt gerade ab und der Rest hat viele Male im Laufe der Geschichte stattgefunden; es gibt reichlich historische Beispiele. Wie lange dieser Prozess dauert, ist schwer zu sagen, aber meine Vermutung wäre, dass innerhalb von 30 Jahren unsere Gesellschaft nicht wiederzuerkennen sein wird.

Viele von uns werden dann noch leben und werden unseren Enkeln erklären müssen, wie wir das zulassen konnten.

Das optimistische Szenario 2 entwickelt sich komplett anders. Die Leute beginnen zu verstehen, um was es im Islam wirklich geht. Sie werden sich selbst und andere informieren und eine sachkundige Debatte beginnt. Muslime bekommen harte Fragen über ihren Glauben gestellt und es gibt keinen Freifahrschein im Namen der politischen Korrektheit. Jene Muslime, die Gewalt anwenden, befürworten oder dazu aufrufen, werden inhaftiert oder abgeschoben. Prinzipien, wie Rechtsstaatlichkeit, Gleichheit und die Freiheit der Rede bekommen neue Geltung. Von allen Bürgerinnen und Bürgern wird erwartet, diese Rechte zu wahren. Von Muslimen, die ihren Glauben behalten möchten, wird erwartet, dessen Auswirkungen zu verstehen und felsenfest zuzusichern, dass er nicht zu unakzeptablem Verhalten führt. Meine Vermutung ist, dass die große Mehrheit, wenn nicht alle, die Lehren des Islam ablehnen wird und dass die ehemaligen Muslime die lautesten bei der Forderung nach einem vollständigen Verbot sein werden.

Nur eines dieser beiden Szenarien ist möglich. Welches sich durchsetzt, hängt zu einem großen Teil von Ihnen ab. Als einer der wenigen, die dieses Thema jetzt verstehen, haben Sie nun die Wahl. Sie können dieses Wissen ignorieren oder warten, dass andere etwas dagegen tun (was sie nicht tun werden), oder Sie können ein paar kleine Schritte gehen, um sicherzustellen, dass unser aller Leben Szenario 2 wird. Nachdem Sie dieses Buch gelesen und ein wenig selbst recherchiert haben und etwas tun wollen, geben Sie das Buch weiter und teilen Sie Ihr Wissen mit so vielen Menschen wie möglich. Dazu gibt es Hinweise im nächsten Kapitel. Die Welt hängt von Ihnen ab und von denen um Sie herum. Es ist Ihre Aufgabe, andere aufzuklären und zu motivieren.

Unsere Vorfahren haben ihr Blut vergossen, um uns die Freiheit zu erkämpfen, mit nur wenig Aufwand können wir sicherstellen, **dass wir und unsere Kinder diese Freiheit nicht verlieren**.

Wer der Aussage meines Buches nicht zustimmt, ist in guter Gesellschaft mit Millionen anderen. Einer jedoch, der mir zustimmte, war der Niederländer Theo van Gogh, Urgroßneffe von Vincent van Gogh. Er war so mutig, einen kurzen Film über den Islam zu drehen. Dieser Film „Submission" deckt einige Tatsachen auf, ähnlich wie dieses Buch es tut.

Das hier ist das letzte bekannte Foto von Theo van Gogh, nachdem er 2004 angeschossen und von dem Moslem Mohammed Bouyeri brutal erstochen wurde. Man sieht noch den Dolch in seiner Brust stecken.

Theo van Gogh ist nur eines von den – konservativ geschätzten – 270 Millionen Opfern, die in den letzten 1400 Jahren durch den Dschihad getötet worden sind[31]. In den zwölf Jahren seit dem Anschlag auf das World Trade Center gab es mehr als 21000 Terroranschläge von Muslimen[32]. Erwarten Sie nicht, dass diese Anschläge aufhören, bevor die Menschen die Wahrheit über Mohammed und den Islam begriffen haben.

Ich beende das Buch mit einem Zitat von Winston Churchill, einem Dickschädel mit Weitsicht. Churchill sah schon in den 30er Jahren die Entwicklung in Deutschland voraus. Die gängige Meinung in England war, Hitler und seine Nazi-Partei seien bloß Patrioten, die Deutschlands Stolz und Wirtschaft wiederherstellen wollten. Churchill ignorierte die öffentliche Meinung und verurteilte die englische Appeasement-Politik. Er nannte die Nazis gefährliche, weltherrschsüchtige Totalitaristen. Dafür beschimpfte man ihn als "Kriegstreiber", die Wörter "Hassredner" und "naziphob" waren noch nicht erfunden.

Nur wenige wissen, dass Churchill in seinen jüngeren Tagen im Sudan gegen Muslime gekämpft hat, als sie versuchten, die Christen im Süden des Landes zu vernichten (was sich bis heute nicht geändert hat). In seinen Memoiren[33] schreibt er im Jahre 1899:
"Wie schrecklich sind die Flüche, die der Islam auf seine Verehrer legt! Neben der fanatischen Raserei, die in einem Mann gefährlich ist wie Tollwut bei einem Hund, gibt es diese furchtbare fatalistische Apathie. Die Auswirkungen sind in vielen Ländern deutlich. Unwirtschaftliche Gewohnheiten, schlampige Landwirtschaft, schleppende Methoden im Handel und die Unsicherheit des Eigentums gibt es überall dort, wo die Anhänger des Propheten regieren oder leben. Eine verminderte Sinneslust nimmt diesem Leben seine Anmut und Raffinesse, dem nächsten seine Würde und Heiligkeit. Die Tatsache, dass im mohammedanischen Gesetz jede Frau einem bestimmen Mann als absolutes Eigentum gehören muss, entweder als Kind, Ehefrau oder Konkubine, verzögert die endgültige Ausrottung der Sklaverei, bis der Glaube des Islam aufgehört hat, eine große Macht unter den Menschen zu sein. Einzelne Moslems können als Individuum herrliche Qualitäten zeigen - aber der Einfluss der Religion lähmt die soziale Entwicklung von denen, die ihr folgen. Es gibt keine stärkere rückwärtsgewandte Kraft in der Welt.
Weit davon entfernt abzusterben, ist der Mohammedanismus ein militanter und missionarischer Glaube. Er hat sich bereits in ganz

Zentralafrika verbreitet und stellt bei jedem Schritt furchtlose Krieger auf; und wäre das Christentum nicht in den starken Armen der Wissenschaft geschützt, gegen die er vergeblich kämpft, dann könnte die Zivilisation des modernen Europas fallen, so wie die Zivilisation des alten Roms fiel."

Zuerst war ich betrübt, dass mir keiner bei meinen Ausführungen zustimmen wollte. Aber als ich entdeckte, dass Churchill auf meiner Seite war, war dieser Zweifel wie weggeblasen.

Ich danke allen, die bis hierher gelesen haben, für Ihre Zeit. Ich hoffe, Sie hatten Spaß an der Lektüre, haben den Islam verstanden und sind hoffentlich angesteckt, das Wissen an alle weiterzugeben, solange noch Zeit dafür ist.

Weitere Verbesserungen und Aktualisierungen werde ich auf meinem Blog posten:

http://thestoryofmohammed.blogspot.com.au

Harry Richardson

Die Webseite zu diesem Buch enthält weiterführende Links zu den Kapiteln dieses Buches:

https://islamentschleiert.wordpress.com/

Wenn Sie Fehler finden und Anregungen haben, wenden Sie sich an den deutschen Übersetzer und Bearbeiter:

Sven Kuchary (sven.kuchary@gmail.com)

33. Anhang I: Wie man den Leuten den Islam erklärt

„Es ist leichter, die Leute reinzulegen, als sie zu überzeugen, dass man sie reingelegt hat." ("It's easier to fool people than to convince them they have been fooled" – Mark Twain)

Als ich zuerst die Wahrheit über den Islam entdeckte, war ich schockiert und wollte sie gleich allen erklären. Auf die Reaktionen, die mir entgegenschlugen, war ich allerdings nicht vorbereitet.

Meine stilleren Freunde schienen mich plötzlich zu meiden. Die mehr extrovertierten beschimpften mich mit dem ganzen Spektrum von Rassismus bis Intoleranz. Ich war überrascht und brauchte eine Weile um herauszufinden, was los war. Um diese Reaktion zu verstehen, muss man ein wenig über einen Prozess wissen, der gemeinhin als Gehirnwäsche bezeichnet wird. Gehirnwäsche ist ein Verfahren, mit dem Denken und Handeln von Personen von einem Dritten kontrolliert werden.

Wenn wir Dinge von vielen Menschen hören, wieder und immer wieder, neigt unser Gehirn dazu, sie für wahr zu halten. Dies ist ein wichtiger Überlebensmechanismus, weil die Mehrheit in der Regel Recht hat. Wenn jeder sagt: "Nicht in die Höhle gehen, da ist ein riesiger Bär drin", dann ist es ratsam, darauf zu hören. Darum arbeitet unser Gehirn so. Gehirnwäsche nutzt im Kern diesen archaischen Überlebensmechanismus.

Religiöse Kulte nutzen diese Tatsache und verstärken die Wirksamkeit durch Verwendung von Techniken wie Schlafentzug und Veränderung der Essenszeiten usw. Viele dieser Techniken nutzt auch der Islam vor allem während des Ramadans. Massenmedien und Werbung verwenden dieses Verfahren flächendeckend. Werbetreibende wissen, wenn sie unser Gehirne beständig mit der Botschaft bombardieren "unser Produkt ist gut ", verändert sich nach und nach unsere Meinung. Wir glauben alle, wir selbst wären immun gegen eine solche Manipulation, aber die Fakten sagen etwas anderes.

Auch der politische Islam hat diese Technik in den letzten Jahrzehnten sehr erfolgreich angewendet. Er sagt uns immer wieder "Der Islam ist gut, er ist friedlich", "Er ist wie das Christentum" und so weiter. Wir hören die Botschaft vom Bundespräsidenten, Parteiführern, von Lehrern, der Presse, der Kirche, von jeder nur denkbaren Autorität. Das ist Gehirnwäsche. Folglich glauben es die meisten.

Das Gehirnwaschen mit einer offensichtlichen Unwahrheit ist schwieriger. Wenn die Leute die Wahrheit einmal erkannt haben, wird keine noch so starke Gehirnwäsche sie mehr überzeugen, die Lüge zu glauben. Sobald sie also in die Höhle gehen und sehen, dass kein Bär drin ist, wird man ihnen den nicht mehr aufbinden können. Der clevere Gehirnwäscher weiß das natürlich und verwendet einen zusätzlichen schlauen Trick, um die Leute von der Wahrheit fernzuhalten.

Er gehirnwäscht Sie nicht nur mit der Lüge selbst, sondern zusätzlich mit der Botschaft, dass alle, die Ihnen die Wahrheit sagen, „schlecht / gefährlich / bösartig" sind und man ihnen nicht zuhören darf. Wer zuhört, würde so schlecht wie jene und würde aus der Gesellschaft ausgestoßen. Moslems und andere verunglimpfen Kritiker mit Begriffen wie rassistisch, islamophob, intolerant, usw. Wir haben das so oft gehört und wir beginnen, ihnen das zu glauben. Dieser Prozess wirkt.

Wenn die Leute jemanden den Islam kritisieren hören, glauben sie instinktiv, dass die Person böse und gefährlich ist. Folglich werden sie alles tun, deren Argumente nicht hören zu müssen. Außerdem müssten sie zugeben, falls die Argumente greifen, dass sie diejenigen sind, die falsch lagen. Wer die menschliche Natur versteht, weiß, dass eher das sprichwörtliche Kamel durch ein Nadelöhr geht, als dass sich jemand solch ein Eingeständnis abzwingt.

Die Reaktion meiner Freunde war ein Schock für mich. Ich finde es immer noch schwer zu glauben, wie effektiv dieser Vorgang ist. Zu sehen, wie sonst intelligente und vernünftige Menschen sich rundweg weigern, sich einer logischen Argumentation anzuschließen, als könnten sie durch sie infiziert werden, das öffnet einem die Augen. Dies wird vermutlich auch für Sie ein Schock sein. Aber sobald ich diese Reaktion verstand, fand ich Wege damit umzugehen.

Als ich dieses Buch schrieb, schickte ich Vorversionen per Email an eine Reihe von Freunden, die mir zurückschrieben, wie intolerant und fanatisch ich sei. Ich schrieb es daher sorgfältig neu, so neutral wie möglich. Ich vermied, den Islam zu kritisieren, besonders in den ersten Kapiteln, um die Reaktionen gehirngewaschener Leute zu vermeiden. Dieser sorgfältige Ansatz hat gut funktioniert. So haben viele Menschen die Wahrheit erfahren, die sonst allergisch auf eine Aufklärung reagiert hätten.

Auf den ersten Blick erscheint dieser Ansatz verquer. Warum soll man den Leuten neutral vom Islam erzählen, wenn man ihn eigentlich kritisieren will? Der Vorteil ist jedoch: Wenn die Leute den Islam verstehen, brauchen Sie ihnen nicht zu sagen, ob er gut oder schlecht ist: Lassen Sie es sie selber entdecken. Nach der Erläuterung, wie sehr Muslime verpflichtet sind, Mohammeds Verhalten zu folgen, muss man ihnen nur seine Biographie zeigen, und selbst die politisch Korrektesten verstehen das Problem, das der Islam im Kern hat.

Immer, wenn ich jemanden in das Thema Islam einführe, sage ich, dass ich „viel nachgeforscht" oder „viel darüber gelesen" habe und sage, wie interessant der Islam ist. Die meisten wollen mehr über den Islam wissen, weil das, was sie bisher gehört haben, nicht ganz zusammenpasst. An diesem Punkt vermeide ich viel Diskussion außer über die Basics. Ich sage höchstens, Muslime müssen Mohammed folgen und warum der Koran so schwer zu verstehen ist. Dann biete ich an, ihnen interessantes Material zu geben. Ich empfehle immer dieses Buch, nicht weil es mein eigenes ist, sondern weil es der beste Weg ist, den ich kenne, Anfängern den Islam zu erklären, vor allem skeptischen. Das Buch hat auch den Vorteil, kostenlos auf der Seite des Autors im Internet verfügbar zu sein. Leider werden die wenigsten Leute ein Buch am Computer lesen wollen.

Natürlich gibt es andere Bücher, die in vieler Hinsicht besser sind, aber zum Einstieg in das Thema erfüllt mein Buch seine Aufgabe ganz passabel. Empfehlen Sie gerne ein anderes Buch, aber stellen Sie sicher, dass es nicht zu sehr konfrontiert, vor allem am Anfang, weil dann die politisch Korrekten abschalten.

Vor allem vermeiden Sie, den Islam zu kritisieren, bevor Sie merken, dass Ihr Gesprächspartner bereit ist und die Wahrheit hören will. Selbst dann lassen Sie ihm die Führung im Gespräch. Wenn die Leute nicht bereit sind, bedrängen Sie sie nicht. Oft werden sie bald selbst etwas hören oder erleben, das sie fragen lässt, und dann kommen sie wieder. Wenn man nur den Samen gesetzt hat, wächst er häufig ohne weitere Hilfe.

Immer wenn Leute der Wahrheit feindlich gegenüber stehen: bedrängen Sie sie nicht. Geben Sie ihnen geeignetes Material und lassen Sie die Leute selbst entscheiden. Lassen Sie lieber das Thema fallen und **bewahren Sie Ihre Freundschaft.** Später auf dem Weg ist es überraschend, wie viele selbst zur Wahrheit finden. Drängen verstärkt nur die Blockaden. Mit diesem Ansatz ersparen Sie sich viel Kummer und sind viel effektiver bei der Verbreitung eines Bewusstseins für die Gefahren der islamischen Expansion.

Mit diesem Buch anderen den Islam erklären:

Geben Sie das Buch weiter, statt es ins Bücherregal zu stellen, oder verschenken Sie ein Exemplar. Sie können auch Ihrem Abgeordneten, dem Pfarrer oder anderen Multiplikatoren ein Exemplar in die Hand drücken. Verteilen Sie am besten die Druckversion. Gedrucktes ist allgemein viel akzeptierter als eBooks, und wirkt gerade bei schwierigen Themen seriöser.

Sie haben vielleicht bemerkt, dass wir für das eBook nur den Mindestpreis bei Amazon angesetzt haben, und auch die Druckversion günstig anbieten. Die Intention von Autor und Übersetzer ist nicht das große Geld, sondern eine große Verbreitung der Kenntnis über den Islam über dieses Buch. Wenn Sie nur das kostenlose PDF lesen, kaufen Sie sich eine Version zum Weitergeben, das hilft nicht nur bei Amazon im Ranking. Damit wird es dort sichtbarer, sondern und auch weitere Leute lesen das Buch.

Wenn Sie das Projekt unterstützen wollen: Bewerten Sie das Buch bei Amazon. Fünf Sterne helfen, vier Sterne helfen nicht. Falls Sie eine Kundenrezension schreiben, bitte Vorsicht! Nichts Kritisches über den Islam oder die Muslime schreiben, wie oben erläutert, sondern nur sinngemäß „hat mir die Augen geöffnet“ oder „macht Islam einfach verständlich“.

34. Anhang II: Glossar (Begriffe zum Islam)

Abrogation: Die Aufhebung früherer Verse des Korans durch spätere.

Abu Sufyan: Anführer der Quraisch, M's Hauptgegner in Mekka.

Abu Talib: M's Onkel, der ihn als Kind großzog.

Aischa: M's jüngste Ehefrau und Lieblingsfrau.

Al-Tabari: Einer von M's Biografen, Student von Ibn Ishaq, auf dem seine Schriften basieren.

Allahu Akbar: „Allah ist größer" (und eben nicht: Allah ist groß) u. a. Schlachtruf der ersten Dschihadisten.

Ansar: „Helfer". Die Muslime von Medina, die M. willkommen hießen, um mit ihnen zu leben, als er aus Mekka floh.

Badr: Ort der ersten größeren Schlacht der Muslime mit den Quraisch.

Banū Qainuqa: Neben den Banū Nadir und Banū Quraiza einer der drei wichtigsten jüdischen Stämme in Yathrib, dem vorislamischen Medina.

Blutgeld: Geld, das von Sippen/Stämmen gezahlt wird zum Ausgleich, wenn sie ein Mitglied einer anderen Sippe getötet haben.

Bukhari: Herausgeber einer der beiden zuverlässigsten Sammlungen von Hadithen.

Byzantiner: Das Byzantinische Reich war die Osthälfte des Römischen Reiches mit der Hauptstadt Konstantinopel. Damals die fortschrittlichste Großmacht der Region.

Dar al Harb: "Land des Krieges". Meint jedes Land, das nicht von Islam/Scharia regiert ist.

Dar al Islam: "Land des Islam". Alle Länder, die vom Islam und der Scharia regiert werden.

Dhimmis: Nicht-Muslime, die sich dem Islam unterwerfen und sich damit abfinden, unter der Scharia zu leben.

Dualismus: Die meisten Religionen kennen nur eine Ethik, die für alle gilt. Der Islam hat zwei Ethiken, eine für Muslime und eine für Nicht-Muslime. Das meint Dualismus hier.

Ghatafan: Arabischer Stamm, der M. bekämpfte

Hadith: Eine Sammlung von Geschichten über M. und seine Überlieferung . Von zwei solcher Geschichtensammlungen gelten als sicher vertrauenswürdig (Bukhari und Muslim), vier weitere als zuverlässig und der Rest als schwach.

Halal: wörtlich: "erlaubt". Meist assoziiert mit Speisen, meint aber alles, was im Islam erlaubt ist.

Haram: Gegenteil von Halal, wörtlich: „verboten".

Hijra (Hidschra): Die Auswanderung der Muslime von Mekka nach Medina, aber allgemein

Hudna: Zeitlich befristeter Frieden mit einer Gruppe Nicht-Muslime.

Hypokrit: Jemand der vorgibt zu glauben, aber kein wirklicher Gläubiger ist.

Ibn Ishaq: M.'s erster und berühmtester Biograph. Es gibt kein Original-Manuskript (mehr) seines Buches "Sirat Rasul Allah" („Die Geschichte des Propheten Allahs", kurz „die Sira").

Dschihad: wörtlich "Kampf, Schlacht". In der islamischen Lehre meint es "Kämpfen für Allahs Sache", hat meist die militärische Bedeutung, gelegentlich auch im spirituellen Sinne gemeint,

Jizya (Dschizia): Steuer, die Dhimmis auferlegt wird, die sich islamischer Herrschaft unterworfen haben.

Kaaba: Ein heidnischer arabischer Schrein, der von M. als heiligste Stätte des Islam übernommen wurde, nachdem er Mekka erobert hatte.

Kafir: Ein Nicht-Mulim, wörtlich: „Verdecker", der Allahs Botschaft ablehnt, obwohl er die Wahrheit kennt, ein Leugner. Oft als „Ungläubiger" übersetzt, das Wort ist im Arab. negativ besetzt.

Kuffar: Mehrzahl von Kafir.

Khadidscha: M's erste und lange Jahre einzige Ehefrau (in Mekka), reiche Kaufmannswitwe.

Khaybar: Eine wohlhabende jüdische Stadt, die von M. geplündert wurde, vor allem wegen ihres Schatzes.

Mekka: M's Geburtsort in Arabien, Ort der Kaaba, heiligste Stadt des Islams.

Medina: Stadt nördlich von Mekka, wo M. sich nach seiner Flucht aus Mekka niederließ.

Muslim: wörtlich "der sich unterwirft" (gleicher Wortstamm wie Islam = Unterwerfung). Im Deutschen auch „Moslem". – Abu Muslim: Einer der beiden zuverlässigsten Hadithenschreiber

Leute des Buches: Meint Juden und Christen, die anders als die heidnischen Araber geschriebene heilige Bücher hatten.

Prädestination: Glaube, dass das Schicksal vorherbestimmt sei und der Mensch daher keine eigene Wahl oder Gestaltungsmöglichkeit im Leben hat, alles ist bereits durch Gott (Allah) festgelegt.

Quraisch: M's Stamm in Mekka. Sie wurden seine Feinde, nachdem sie seine Lehren ablehnten.

Ramadan: Heiliger Monat im Islam. Während des Ramadan sollen Muslime von Sonnenaufgang bis -untergang nicht essen und nicht trinken.

Schahid: Märtyrer, der beim Kampf für Allahs Sache stribt (im Dschihad)

Scharia: Islamisches Gesetz. Es basiert auf den Lehren und dem Beispiel M., wie im Koran und seinen Biografien (Sira and Hadith) niedergeschrieben. Das bekannteste Handbuch ist "The Reliance of the Traveller"

Sira: „Sirat Rasul Allah" oder "Die Geschichte des Propheten Allahs" von Ibn Ishaq ist M.'s älteste und verehrteste Biografie. Das Originalmanuskript ging verloren und wurde von zwei seiner Studenten aus ihren Notizen rekonstruiert, Ibn Hashim and Al Tabari.

Sunna: Das Beispiel von Mohammed, wie es in der Sira und den Hadithen steht. Alles was M. tat oder sagte, ist "Sunna" und das perfekte Beispiel, dem Muslime folgen sollen.

Taqiyya (Taqīya): "heiliger Betrug". Meint das Täuschen anderer, zugunsten der Förderung des Islam.

Goldene Regel: Eine Moral, die symmetrisch gilt: „Behandle andere so, wie du von ihnen behandelt werden willst."

Tora: Das jüdische Schrifttum, im Wesentlichen das Alte Testament der christlichen Bibel.

Uhud: Zweite Schlacht des Islams mit den Quraisch, die die Muslime verloren.

Umma: Muslime fühlen sich selbst einer Gemeinschaft oder Nation zugehörig, die sie "die Umma" nennen.

Yathrib: vorislamischer Name von Medina.

35. Anhang III: Übersetzung, Literatur, Links

Zur Übersetzung

Gegenüber dem englischen Original habe ich als Übersetzer einige Beispiele aus dem Vereinigten Königreich entfernt und dafür aktuelle aus Deutschland eingefügt. Ich habe längere Zitate des Autors aus dem Internet weggelassen, darunter eine Passage zur Beschneidung, einen Bericht einer Frauenärztin aus Gaza, und ein Kapitel mit einem Bericht der Ex-Muslima Dr. Wafa Sultan. Statt hier übersetzt anzubieten, meine ich, kann der Leser diese oder ähnliche und zudem aktuelle Artikel auf Deutsch selbst im Internet finden.

Die Koranzitate habe ich nicht aus dem Englischen übersetzt, sondern ich habe sie durch entsprechende Textstellen ersetzt, entnommen aus: Die Botschaft des Koran - Übersetzung und Kommentar von Muhammad Asad (Autor), Ahmad von Denffer (Übers./Autor), Yusuf Kuhn (Übers./Autor), wie ich sie auf der Seite: http://www.koran-auf-deutsch.de vorgefunden habe.

Die Zitate aus der vereinfachten Sira (I, T) und den Hadithen (B, M) habe ich übersetzt. Die Sira von Gustav Weil habe ich in der alten Schreibweise belassen.

Die folgenden Hinweise auf deutsche Literatur und zu Webseiten stammen vom Übersetzer, ich habe nur diejenigen englischen vom Autor übernommen, auf die er sich im Buch bezieht.

Alle Links und weitere finden Sie auf der Webseite zum Buch (siehe QR-Code):

https://islamentschleiert.wordpress.com/

Originalquellen der islamischen Trilogie:

Übersicht über alle Quellen: http://islamische-datenbank.de/

Sira: Gustav Weil: Das Leben Mohammed's" (Stuttgart 1864)
http://www.igfd.org/?q=gustav+weil+sira
https://books.google.de/books?id=g7koAAAAYAAJ

Hadithe: http://islamische-datenbank.de/Al-Bayan/
http://www.koransuren.de/hadith/sahih_bukhari.html
Koran: Der Koran ist im Internet an vielen Stellen zu finden, die Übersetzungen unterscheiden sich teils deutlich im Stil. Die von Mohammed Rassoul gilt als sehr nah am arabischen Original. Im Netz:

http://www.theology.de/schriften/koran/
http://www.islamisches-zentrum-muenchen.de/PDF/quran01.pdf
...http://www.corpuscoranicum.de/

Über die Reihenfolge der Suren habe ich Widersprüchliches gefunden:

Zeitlich laut Wikipedia (de.wikipedia.org/wiki/Koran#Anordnung_der_Suren):
Mekka I: 96 - 74 - 111 - 106 - 108 - 104 - 107* - 102 - 105 - 92 - 90 - 94 - 93 - 97* - 86 - 91 - 80 - 68 - 87 - 95 - 103 - 85 - 73* - 101 - 99 - 82 - 81 - 53 - 84 - 100 - 79 - 77 - 78 - 88 - 89 - 75 - 83 - 69 - 51 - 52 - 56 - 70 - 55 - 112 - 109 - 113 - 114 - 1 – Mekka II: 54 - 37 - 71 - 76* - 44 - 50 - 20 - 26 - 15 - 19 - 38 - 36 - 43 - 72 - 67 - 23 - 21 - 25 - 17 - 27 - 18 – Mekka III: 32 - 41 - 45 - 16 - 30 - 11 - 14 - 12 - 40 - 28 - 39 - 29 - 31 - 42 - 10 - 34 - 35 - 7 - 46 - 6 - 13 – Medina: 2 - 98 - 64 - 62 - 8 - 47 - 3 - 61 - 57 - 4 - 65 - 59 - 33 - 63 - 24 - 58 - 22 - 48 - 66 - 60 - 110 - 49 - 9 - 5 (* = offenbart in Mekka/Medina)

Die Suren in ihrer „offenbarten Reihenfolge“ (eslam.de)
Mekka: 96 - 98 - 73 - 74 - 111 - 81 - 87 - 92 - 89 - 93 - 94 - 103 - 100 - 108 - 102 - 107 - 109 - 105 - 113 - 114 - 112 - 53 - 80 - 97 - 91 - 85 - 95 - 106 - 101 - 75 - 104 - 77 - 50 - 90 - 86 - 54 - 38 - 7 - 72 - 36 - 25 - 35 - 19 - 20 - 56 - 26 - 27 - 28 - 17 - 10 - 11 - 12 - 15 - 6 - 37 - 31 - 34 - 39 - 40 - 41 - 42 - 43 - 44 - 45 - 46 - 51 - 88 - 18 - 16 - 71 - 14 - 21 - 23 - 32 - 52 - 67 - 69 - 70 - 78 - 79 - 82 - 84 - 30 - 29 - 83 - - Medina: - 2 - 8 - 3 - 33 - 60 - 4 - 99 - 57 - 47 - 13 - 55 - 76 - 65 - 98 - 59 - 110 - 24 - 22 - 63 - 58 - 49 - 66 - 62 - 64 - 61 - 48 - 5 – 9

Die deutsche Wikipedia ist kein zuverlässiges Nachschlagewerk zu den religiösen Schriften, die Autoren vertreten teils verklärte Interpretationen. Die Artikel über rein historische Ereignisse sind neutraler, die Kapitel 11 bis 20 lassen sich dort gut nachlesen.

Bücher zum Islam und zum politischen Islam

Gustav Weil: Mohammed der Prophet, sein Leben und seine Lehre (Heidelberg 1843) – Das wohl erste fundierte deutsche

Buch zum Islam
https://books.google.co.uk/books?id=ossUAAAAQAAJ

Bill Warner: „Mohammed and the unbelievers"
(Die Sira in vereinfachter Form, leider nur englisch)

Bill Warner: „Scharia für Nicht-Muslime"

Hamed Abdel-Samad: „Der islamische Faschismus: Eine Analyse"
Kurze Intro im Youtube-Interview: http://youtu.be/PHBpS7tDs64

Hamed Abdel-Samad: „Mohammed - eine Abrechnung"

Manfred Kleine-Hartlage: „Das Dschihadsystem"
(tiefer und fundierter Einblick in den Islam)

Bat Ye`Or: „Der Niedergang des orientalischen Christentums unter dem Islam" (Politik, Recht, Wirtschaft und Gesellschaft vom 7.- .20. Jh.)

Seiten und Blogs zum Thema Islam:

Ich führe sie auf, weil sie Themen abdecken, die in den Mainstream-Medien nicht vorkommen oder anders dargestellt werden. Diese Seiten sind teils unmoderiert und decken ein breites politisches Spektrum ab, von sachlich-konservativ bis radikal-verrückt. Achtung: Teils enthalten diese Seiten Bildmaterial, das für Minderjährige nicht geeignet ist. Der mündige Leser kann die Seriosität der Seiten selbst beurteilen. Die Auflistung heißt nicht, dass Autor oder Übersetzer die sich ständig ändernden Inhalte teilen.

http://www.politicalislam.com (Bill Warners "Center for the Study of Political Islam")

http://pickeringpost.com/blog/harry-richardson/13274 (Seite des Autors)

http://thestoryofmohammed.blogspot.com.au (Blog des Autors)

http://de.europenews.dk (Aktuelle Nachrichten aus Europa, dt.)

http://www.derprophet.info (bekannte deutsche Seiten zum Islam)

http://www.gatestoneinstitute.org (politische Seite mit dt. Teil)

http://www.faithfreedom.org (Seite von Ali Sina über Mohammed) http://www.jihadwatch.org/ (sehr bekannte Seite von Robert Spencer)

http://www.efg-hohenstaufenstr.de/downloads/menue_islam.html (Seiten einer rührigen Freikirche, darin seine Biografie in Stichworten)

https://nixgut.wordpress.com/ (Politischer Blog zum Islam, dt.)

http://www.ex-muslime.de/ (Zentralrat der Ex-Muslime, dt.)

http://10news.dk ("handpicked news for freedom lovers")

http://www.memritv.org (The Middle East Media Research Institute TV Monitor Project, e.)

Weitere: gatesofvienna.net, thereligionofpeace.com, counterjihadreport.com, vladtepesblog.com, www.meforum.org (Middle East Forum), http://www.barenakedislam.com, http://www.inquiryintoislam.com

Ex-Muslime berichten: Cahit Caya (Facebook), Barino (Youtube), Seiten von Wilfried Schultz, Matthias Küntzel.

Ex-Musliminnen berichten: Sabatina James und Ayaan Hirsi Ali. Die beiden haben auch lesenswerte Bücher geschrieben.

Deutschsprachige Seiten und Blogs zum Thema Freiheitrechte

http://www.dierotepille.de (Einstieg in die Welt sog. „politisch unkorrekter" Sichtweisen)

www.open-speech.com (Meinungsfreiheit, Islam, Migration)

http://www.achgut.com/dadgdx/ (publizistisches Netzwerk „Die Achse des Guten")

http://www.journalistenwatch.com (alternativer Journalismus)

http://www.buergerbewegung-pax-europa.de (Politische Bewegung)

http://lizaswelt.net (Politik, Freiheit, Fußball)

http://teamfreiheit.info/ (Humanistische Bildungsinitiative on Tour)

Essays und kurze Videos:

FAZ: Essay: „Der Islam will die Welteroberung", 15.09.2006: Die Kriegsregeln sind flexibel, das Kriegsziel bleibt: Althistoriker

Egon Flaig über Mohammeds kämpferische Religion http://www.faz.net/aktuell/feuilleton/medien/essay-der-islam-will-die-welteroberung-1354009.html

Leon de Winter: Holländisches Tagebuch (von 2004!!) https://willanders.wordpress.com/2009/06/22/leon-de-winter-hollandisches-tagebuch/

Andreas Thiel in der Weltwoche
Eine Streitschrift zum Koran (hat in der Schweiz große Diskussion ausgelöst) http://www.weltwoche.ch/ausgaben/2014-48/der-schatten-des-ostens-die-weltwoche-ausgabe-482014.html

Bischof Damian warnt die deutschen Christen (suche in Y-outube)

Islamic Peace conference in Norway: So reden die Muslime untereinander (engl):http://10news.dk/must-watch-3-min-horrific-video-from-islamic-peace-conference-in-norway/

Zur Verteidigungsrede von Geert Wilders: Geert Wilders spreekt de rechtbank toe 20-01-2010: https://www.y-outube.com/watch?v=uqMfvlyUkys
http://www.theguardian.com/world/2010/oct/22/geert-wilders-trial-collapses http://theunitedwest.org/geert-wilders-trial-update/

Ex-Muslima Dr. Wafa Sultan warnt vor dem Islam (engl.): https://www.youtube.com/watch?v=8cEmINSqOy4

Es ist der Islam, Dussel!
http://haolam.de/Europa-Welt/artikel_19609.html (zu Islam und Terror)

Über den Autor von Tausendundeine Nacht:
http://gutenberg.spiegel.de/autor/gustav-weil-629

36. Anmerkungen

Bildnachweis: Die Bilder sind der Wikipedia (Wiki Commons) entnommen und gemeinfrei.

---

[1] Laut http://thereligionofpeace.com mehr als 20.000 Anschläge weltweit seit dem 11. September 2001

[2] Die Unterschiede zwischen Schia- und Sunna-Islam sind nur äußerlich und werden in diesem Buch nicht betrachtet. Die Spaltung betrifft die Nachfolge Mohammeds.

[3] CSPI: Sitz in Tennessee, USA und auch in Brünn, Tschechien. www.cspipublishing.com und www.politicalislam.com.

[4] Der Ausspruch stammt vom Motorrad-Rennfahrer Barry Sheene, der in England und Australien bekannt ist, und der Spruch offenbar auch.

[5] Abu Fadl, 'Greater and "Lesser" Dschihad'

[6] CSPI: Statistical analysis of Islamic Holy Texts

[7] Reliance of the Traveller: englisch von Nuh Ha Mim Keller, Amana Publications, 1994.

[8] Prof. Madan Lal Goel, Professor der politischen Wissenschaften, Emeritus an der University of West Florida, ein Hindu (www.uwf.edu/lgoel)

[9] http://www.welt.de/finanzen/immobilien/article117841909/Katar-geht-in-Deutschland-auf-Einkaufstour.html

[10] „Mekka Deutschland" http://www.spiegel.de/spiegel/print/index-2007-13.html

[11] z. B: Learning from One Another: Bringing Muslim perspectives into Australian schools (Hassim and Cole-Adams National Centre of Excellence for Islamic Studies, Univ. of Melbourne)

[12] http://researchnews.osu.edu/archive/whtslav.htm

[13] http://www.slavevoyages.org/tast/assessment/estimates.faces

[14] John Allembillah Azumah: The legacy of arab-islam in Africa https://www.youtube.com/watch?v=rBluWnM4bJg und Tidiane N'Diaye: Der Verschleierte Völkermord https://www.perlentaucher.de/buch/tidiane-ndiaye/der-verschleierte-voelkermord.html

[15] Die Rede von Lars Hedegaard http://www.gatestoneinstitute.org/3011/hate-speech-charges (englisch) und Kommentar

zum Urteil http://www.gatestoneinstitute.org/3026/lars-hedegaard-acquitted (englisch)

[16] http://www.gatestoneinstitute.org/2702/sabaditsch-wolff-appeal (englisch)

[17] http://www.youtube.com/watch?v=-5RM_I6BKjE

[18] http://www.dailymail.co.uk/news/article-2070562/Muslim-girl-gang-kicked-Rhea-Page-head-yelling-kill-white-slag-FREED.html

[19] http://www.cicero.de/berliner-republik/gaza-konflikt-und-europa-der-judenhass-ist-wieder-da/57962

[20] The Guardian (GB) berichtet darüber am 12.12.2005.

[21] http://www.answering-islam.org/Index/C/circumcision.html

[22] Diskutiert auf: http://www.ahlu-sunnah.com/threads/24942-Ist-Frauenbeschneidung-erlaubt

[23] Pervez Hoodbhoy, The New Atlantis 2011

[24] N. Fergany et al., Arab Human Development Report 2002, United Nations Development Programme

[25] Korruptionsindex bei Transparency International http://cpi.transparency.org/cpi2011/results - 6 der 10 korruptesten sind islam. Länder.

[26] Der Plan übersetzt: https://schariagegner.wordpress.com/2010/06/13/die-muslimbruderschaft-und-das-projekt/

[27] http://www.spiegel.de/politik/ausland/terrorismus-al-qaidas-agenda-2020-a-369328.html

[28] Sylvain Besson : La conquête de l'occident - Le projet secret des islamistes (Éditions Seuil, 2005), Deutscher Artikel mit Übersetzung des Projektplans: http://derprophet.info/inhalt/brotherhood-project-htm

[29] http://www.danielpipes.org/blog/2006/11/the-751-no-go-zones-of-france und http://sig.ville.gouv.fr/Atlas/ZUS/

[30] In Frankreich ist es tabu, jugendliche Araber bei den Krawallen in den Vorstädten von Paris explizit zu nennen

[31] Laut Center for the Study of Political Islam

[32] nach http://www.thereligionofpeace.com

[33] Sir Winston Churchill (The River War, first edition, Vol. II, pages 248-50 (London: Longmans, Green & Co., 1899)

15962781R00082

Printed in Poland
by Amazon Fulfillment
Poland Sp. z o.o., Wrocław